JIYU GONGZUO RENWU JIAOXUE GAIGE XILIE JIAOCAI

基于工作任务教学改革系列教材

U0791488

网络营销与实务

WANGLUO YINGXIAO YU SHIWU

秦　琴 邱　娜／主　编

赵松玲　徐艳兰／副主编

经济科学出版社
Economic Science Press

图书在版编目（CIP）数据

网络营销与实务／秦琴，邱娜主编．—北京：经济科学出版社，2010.8
基于工作任务教学改革系列教材
ISBN 978-7-5058-9573-7

Ⅰ.①网… Ⅱ.①秦…②邱… Ⅲ.①电子商务-市场营销学-高等学校：技术学校-教材 Ⅳ.①F713.36

中国版本图书馆 CIP 数据核字（2010）第 140640 号

责任编辑：凌 敏
责任校对：韩 宇
版式设计：代小卫
技术编辑：李 鹏

网络营销与实务
秦 琴 邱 娜 主 编
经济科学出版社出版、发行 新华书店经销
社址：北京市海淀区阜成路甲 28 号 邮编：100142
教材编辑中心电话：88191343 发行部电话：88191540
网址：www.esp.com.cn
电子邮件：lingmin@esp.com.cn
北京密兴印刷厂印装
787×1092 16 开 9.75 印张 240000 字
2010 年 8 月第 1 版 2013 年 1 月第 2 次印刷
ISBN 978-7-5058-9573-7 定价：20.00 元
（图书出现印装问题，本社负责调换）
（版权所有 翻印必究）

前　言

在我国，网络营销起步较晚，直到1996年，才开始被我国企业尝试。但是随着电子商务快速发展，越来越多的企业开始注重网络营销。2000年至今，网络营销进入应用和发展阶段，网络营销服务市场初步形成：企业网站建设迅速发展；网络广告不断创新；营销工具与手段不断涌现和发展。到2008年6月底，中国网民高达2.53亿，网购人数达6 329万人。到2009年年底，中国网民高达近4亿，居全球第一。目前，各种网络调研、网络广告、网络分销、网络服务等网络营销活动，正异常活跃地介入到企业的生产经营中。网络的出现与应用带来社会生产力的革命性飞跃。网络营销已经成为先进的营销形式，在企业营销竞争中的作用越来越重要。

本书根据高职高专学生的特点，本着“适用、够用、综合”的教学原则，着重介绍网络营销的基本概念与网络营销工具的使用，使学生能掌握网络营销的基本技能，培养学生分析问题、解决问题的能力。

本书注重内容的科学性、实用性和先进性，深入浅出，循序渐进，通过案例及技能训练有效地将理论与实践结合起来，不但可以作为高职高专电子商务专业的教材，也可以作为经济与管理学科类与社会在职人员学习网络营销之用。

本书按照网络营销的理论与实践体系，分为九章，从第1章网络营销概述讲起，并对网络营销的全过程进行了分析和总结，随后在各个章节全面系统地阐述了如何开展网络市场调研、网上消费者如何定位，以及企业网站建设、搜索引擎营销、许可Email营销、网络营销能力探索等内容，在每章配有“学习目标”、“技能目标”、“工作任务”、“案例导入”、“本章小结”、“思考题”等内容。最后提供了网络营销实训内容，大家可以有选择地使用。本书结构体系完整，从培养学生网络营销的能力出发，强调理论与实践相结合，案例具有代表性，便于学生掌握网络营销的基本理论和实际运作的方法与手段。

本书由秦琴、邱娜担任主编，赵松玲、徐艳兰担任副主编。具体分工如下：第1章由孙瑜编写；第2章由余志斌编写；第3章、第8章由徐艳兰编写；第4章由章理智编写；第5章由李莹莹、赵松玲编写；第6章由朱梦编写；第7章由邱娜编写；第9章由秦琴编写。

本书编写中参考了较多文献资料，在此，对这些文献资料的原创者致以诚挚的感谢！由于网页内容的变更，我们并不能把所有作者的名字全部标出，也无法与作者取得联系，在此，我们对原作者表示深深的感谢。在本书写作过程中，曾得到周列平与凌敏老师的帮助，经济科学出版社给予了大力支持，特此致谢！

由于编著者学识、眼界及经验的局限，书中缺点、错误在所难免，敬请读者批评指正，共同促进网络营销的发展！

编　者

2010年8月

目　录

第1章　网络营销概述 …………………………………… (1)

1.1　网络营销与电子商务 …………………………………… (2)
1.2　网络营销的技术与工具 …………………………………… (5)
1.3　网络营销环境 …………………………………… (7)
1.4　网络营销与传统营销的比较 …………………………………… (10)

第2章　网络市场调研 …………………………………… (15)

2.1　网络市场调研概述 …………………………………… (16)
2.2　网络市场调研信息收集的方法 …………………………………… (19)
2.3　网络市场调研的程序 …………………………………… (23)
2.4　网络调研存在的问题与思考 …………………………………… (25)

第3章　网络消费者分析与定位 …………………………………… (27)

3.1　网络消费者的特征分析 …………………………………… (28)
3.2　网络消费者的购买行为 …………………………………… (33)
3.3　网络消费者的购买决策过程 …………………………………… (36)
3.4　网络营销目标市场细分 …………………………………… (38)
3.5　网络市场定位 …………………………………… (43)

第4章　企业网站建设 …………………………………… (47)

4.1　网站规划 …………………………………… (48)
4.2　域名选择和注册 …………………………………… (50)
4.3　企业网站的功能 …………………………………… (57)
4.4　企业网站设计的问题及建议 …………………………………… (59)
4.5　企业网站的优化 …………………………………… (61)

第5章　搜索引擎营销 …………………………………… (64)

5.1　搜索引擎营销概述 …………………………………… (65)
5.2　搜索引擎营销主要模式 …………………………………… (67)
5.3　搜索引擎营销广告策略 …………………………………… (70)

5.4 长尾理论对搜索引擎营销策略的意义 …… (78)
5.5 如何提高搜索引擎营销效果 …… (80)
5.6 搜索引擎营销的发展趋势 …… (82)

第6章 许可Email营销 …… (84)

6.1 许可Email营销的原理 …… (85)
6.2 许可Email营销的作用及主要形式 …… (88)
6.3 许可Email营销策略 …… (91)
6.4 许可Email营销效果评价 …… (97)

第7章 其他网络营销方法 …… (101)

7.1 Web2.0的基本思想与技术 …… (101)
7.2 病毒性营销 …… (103)
7.3 博客营销 …… (106)
7.4 网络社区营销 …… (110)
7.5 网络广告 …… (112)
7.6 RSS营销 …… (115)

第8章 网络营销能力探索 …… (118)

8.1 文字表达能力 …… (119)
8.2 网页制作能力 …… (123)
8.3 网络营销政策、政治尺度的掌握能力 …… (130)
8.4 综合素质能力 …… (133)

第9章 网络营销实训 …… (138)

9.1 认识电子商务 …… (138)
9.2 网络市场调研 …… (139)
9.3 网上消费体验 …… (139)
9.4 电子商务网站建设（一） …… (140)
9.5 电子商务网站建设（二） …… (141)
9.6 网络营销工具的应用 …… (142)
9.7 分类目录型搜索引擎的注册 …… (143)
9.8 Google AdWords——快速简单的购买广告服务 …… (143)
9.9 网站搜索引擎友好性分析 …… (144)
9.10 许可Email营销方法 …… (145)
9.11 博客营销——开通博客 …… (146)

参考文献 …… (148)

第1章 网络营销概述

【学习目标】理解网络营销的含义；掌握网络营销的起源、发展及其特点；掌握电子商务与网络营销的关系；掌握网络营销与传统市场营销的区别。

【技能目标】能够理解网络营销与传统营销理论、网上销售的关系；能够分析网络营销的基本职能；掌握网络营销方法。

【工作任务】使用基本网络营销工具；根据企业需要选择相应的网络营销方法。

案例导入

波司登网络营销红火

国内最大的羽绒服制造企业波司登日前正式宣布全面进军网络营销。波司登公司电子商务部部长赵学军欣喜地说，2010 年 1 月份前两周网络销售额已突破千万元。

自2009 年8 月，波司登公司开始尝试着涉足网络营销，与国内最大的网络购物平台“淘宝网”进行战略性合作，开发了自主电子商务网站，并在“淘宝网”开设波司登官方旗舰店，以此举规范各地商家通过网络销售波司登产品的行为，并有效遏制了网上假冒产品的流通。

2008 年，波司登品牌在淘宝网服装类销售中排列前十名，销售额为 3 000 多万元。2009 年，波司登开始筹划建立以官方网站和淘宝旗舰店为主的销售平台，开发其他电子商务平台，逐步梳理和规范网络销售渠道，吸收 30 家以上信誉良好的专业网络营销人员和电子商务网站成为授权加盟商。同时，波司登设立专职网络渠道管控岗位，在网络渠道上对卖家进行有针对性的梳理、优化，以保证波司登品牌网络市场规范化。

据悉，目前波司登已经搭建包含开发、企划、推广、物流、售后服务等一整套网络营销框架，2010 年开始全面进军网络营销，销售额力争突破 1 个亿。

资料来源：http：//promote. yidaba. com/201001/271446401002100100020961259. shtml。

案例简评

对于传统的服装企业开展网络营销，特别是效益型网络营销，选择平台的重要性是不言而喻的。选择第三方营销平台的好处在于可以依托他人已经相对成熟的营销渠道，迅速地提升其品牌与市场占有率，进行资源的调配与节约成本，从而让服装周期模式改变。如何对服装定位，就决定了企业如何来进行营销策划，以及如何来运营，运用网络策略，应该从战略高度充分认识发展服装网络营销的相关性。

1.1 网络营销与电子商务

随着上网人数的不断增长和互联网应用的迅速发展，网络营销已经成为企业常用的营销方式之一，也与人们的日常工作和生活密不可分。现在，人们可以方便地通过网站购买自己需要的物品、订阅自己感兴趣的商品信息，甚至可以获得服务商提供的特别优惠措施。这些都是厂商开展网络营销为消费者带来的便利。当然，厂商在为顾客提供这些服务的同时，也比传统营销方式降低了成本，增加了收益，可见网络营销对厂商和消费者双方都是有价值的。

1.1.1 网络营销的产生

20 世纪 90 年代初，飞速发展的互联网促使网络技术应用的指数增长，全球范围内掀起应用互联网热，世界各大公司纷纷上网提供信息服务和拓展业务范围，积极改组企业内部结构和发展新的管理营销方法。网络营销是适应网络技术发展与信息网络年代社会变革的新生事物，必将成为跨世纪的营销策略。

网络营销是随着互联网进入商业应用而逐渐诞生的，尤其是万维网、电子邮件、搜索引擎等得到广泛应用之后，网络营销的价值才越来越明显。电子邮件虽然早在 1971 年就已经诞生，但在互联网普及应用之前，并没有被应用于营销领域；到了 1993 年，才出现基于互联网的搜索引擎；1994 年 10 月网络广告诞生；1995 年 7 月，目前全球最大的网上商店亚马逊成立。1994 年对于网络营销的发展被认为是重要的一年，因为网络广告诞生的同时，基于互联网的知名搜索引擎雅虎、民赞等也相继于 1994 年诞生。另外，由于曾经发生了“第一起利用互联网赚钱”的“律师事件”，促使人们对于电子邮件营销开始进行深入思考，也直接促成了网络营销概念的形成。从这些事实来看，可以认为网络营销诞生于 1994 年。

有趣的是，两位律师在 1996 年还合作写了一本书——《网络赚钱术》。书中介绍了他们的这次辉煌经历：通过互联网发布广告信息，只花费了 20 美元的上网通信费用就吸引来 25 000 个客户，赚了 10 万美元。他们认为，通过互联网进行电子邮件营销是前所未有而且几乎无需任何成本的营销方式。当然他们并没有考虑别人的感受，也没有计算别人因此而遭受的损失。直到现在，很多垃圾邮件发送者还在声称通过定向收集的电子邮件地址开展电子邮件营销可以让产品一夜之间家喻户晓，竟然还是和两个律师在十几年前的腔调一模一样。由此可见，“律师事件”对于后来网络营销所产生的影响是多么深远。当然，现在的网络营销环境已经发生了很大变化，无论发送多少垃圾邮件，也无法产生任何神奇效果了。

尽管这种未经许可的电子邮件与正规的网络营销思想相去甚远，但由于这次事件所产生的影响，人们才开始认真思考和研究网络营销的有关问题，网络营销的概念也逐渐开始形成。此后，随着企业网站数量和上网人数的日益增加，各种网络营销方法也开始陆续出现，网络营销进入了快速发展时期。

如今，网络营销信息已经同各种广告信息一样对消费者发生了很大影响。例如，如果我们打开一个大型门户网站，会看到各种各样的网络广告；当使用搜索引擎检索信息时，除了可以看到许多企业和产品的信息之外，在搜索结果中也会出现一些相关的文字广告；如果要检索某个商品，可能会出现许多同类产品的厂商信息，信息之多有时甚至让人感到无所适从；如果打开电子邮箱，其中同样会有很多推广产品的邮件。这些现象都说明现在的网络营销信息已经非常丰富了，网络营销在企业也获得了广泛应用并表现出卓越的成效。

1.1.2 网络营销的含义与特点

1.1.2.1 网络营销的含义

网络营销也称网络市场营销，是企业整体营销战略的一个组成部分，是个人或组织以互联网络为载体，以新的方式、方法和理念创造并与他人交换有价值的产品以满足自身的需要和欲望的一种社会活动的管理过程。

下面对网络营销中涉及的一些问题给予必要的说明：

（1）网络营销是实现目的的手段。网络营销具有明确的目的和手段，但网络营销本身不是目的，网络营销是营造网上经营环境的过程，也就是综合利用各种网络营销方法、工具、条件并协调其间的相互关系，从而更加有效地实现企业营销目的的手段。

（2）网络营销不是独立存在的。网络营销是企业整体营销战略的一个组成部分，网络营销活动不可能脱离一般营销环境而独立存在，在很多情况下网络营销理论是传统营销理论在互联网环境中的应用和发展。由此也确立了网络营销在企业营销战略中的地位，无论网络营销处于主导地位还是辅助地位都是互联网时代市场营销中必不可少的内容。

（3）网络营销不等同于网上销售。网上销售是网络营销发展到一定阶段产生的结果，网络营销是为实现产品销售目的而进行的一项基本活动，但网络营销本身并不等于网上销售。这可以从以下三个方面来说明：

① 网络营销的目的并不仅仅是为了促进网上销售，很多情况下，网络营销活动不一定能实现网上直接销售的目的，但是可能促进网下销售的增加，并且增加顾客的忠诚度；

② 网络营销的效果表现在多个方面，例如提升企业品牌价值、加强与客户之间的沟通、拓展对外信息发布的渠道、改善顾客服务等；

③ 从网络营销的内容来看，网上销售也只是其中的一个部分，并且不是必须具备的内容，许多企业网站根本不具备网上销售产品的条件，网站主要是作为企业发布产品信息的一个渠道，通过一定的网站推广手段，实现产品宣传的目的。

（4）网络营销属于电子商务的基础。网络营销和电子商务是一对紧密相关又具有明显区别的概念，许多人的认识还存在一定的误区。网络营销是企业整体营销战略的一个组成部分，无论传统企业还是互联网企业都需要网络营销，但网络营销本身并不是一个完整的商业交易过程，而只是促进商业交易的一种手段。电子商务主要是指交易方式的电子化，它强调的是交易行为和方式。所以，可以说网络营销是电子商务的基础，开展电子商务离不开网络营销，但网络营销并不等于电子商务。

（5）网络营销是实实在在的营销方式。尽管一些文章中喜欢用“虚拟营销”来描述网络营销，但其实网络营销是传统营销的一种扩展，即传统营销向互联网上的延伸，所有的网络营销活动都是实实在在的。网络营销的手段也不仅限于网上，而是注重网上网下相结合，网上营销与网下营销也不是相互独立的，而是一个相辅相成、互相促进的营销体系。

1.1.2.2　网络营销的特点

随着互联网技术发展的成熟以及联网成本的低廉，互联网好比是一种“万能胶”将企业、团体、组织以及个人跨时空联结在一起，使得他们之间信息的交换变得“唾手可得”。市场营销中最重要也最本质的是组织和个人之间进行信息传播和交换。如果没有信息交换，那么交易也就是无本之源。正因为如此，互联网具有营销所要求的某些特性，使得网络营销呈现出以下一些特点：

（1）时域性。营销的最终目的是占有市场份额，由于互联网能够超越时间约束和空间限制进行信息交换，使得营销脱离时空限制进行交易变成可能，企业有了更多时间和更大的空间进行营销，可每周 7 天、每天 24 小时随时随地地提供全球性营销服务。

（2）多媒体性。互联网被设计成可以传输多种媒体信息的载体，如文字、声音、图像等信息，使得为达成交易进行的信息交换能以多种形式存在和交换，可以充分发挥营销人员的创造性和能动性。

（3）交互式。互联网通过展示商品图像，商品信息资料库提供有关的查询，来实现供需互动与双向沟通，还可以进行产品测试与消费者满意调查等活动。互联网为产品联合设计、商品信息发布，以及各项技术服务提供最佳工具。

（4）个性化。互联网上的促销是一对一的、理性的、消费者主导的、非强迫性的、循序渐进式的，而且是一种低成本与人性化的促销，避免推销员强势推销的干扰，并通过信息提供与交互式交谈，与消费者建立长期良好的关系。

（5）成长性。互联网使用者数量快速成长并遍及全球，使用者多属于年轻人、中产阶级、有一定的购买能力，由于这部分群体具有很强的市场影响力，因此是一项极具开发潜力的市场渠道，它的成长性是比较好的。

（6）整合性。互联网上的营销可由商品信息至收款、售后服务一气呵成，因此也是一种全程的营销渠道。另外，企业可以借助互联网将不同的传播营销活动进行统一设计规划和协调实施，以统一的传播资讯向消费者传达信息，避免不同传播中不一致性产生的消极影响。

（7）超前性。互联网是一种功能最强大的营销工具，它同时兼具渠道、促销、电子交易、互动顾客服务，以及市场信息分析与提供的多种功能。它所具备的一对一营销能力，真正是符合未来定制营销与直复营销的趋势的。

（8）高效性。计算机可储存海量的信息，有助于消费者查询，可传送的信息数量与精确度远远超过其他媒体，因此能高效地了解顾客并满足顾客的需求，及时更新产品或调整价格。

（9）经济性。通过互联网进行信息交换，代替以前的实物交换，一方面可以减少印刷与邮递成本，可以无店面销售，免交租金，节约水电与人工成本，另一方面可以减少由于迂回多次交换带来的损耗，因此，网络营销的经济性尤为突出。

（10）技术性。网络营销是建立在高技术作为支撑的互联网的基础上的，企业实施网络营销必须有一定的技术投入和技术支持，这要求企业改变传统的组织形态，提升信息管理部门的功能，引进懂营销与计算机技术的复合型人才，未来才能具备市场的竞争优势。

1.1.3 电子商务与网络营销的比较

（1）电子商务定义。电子商务是指在全球范围内通过信息网络以及电子数据流通的方式进行的商务、交易、金融以及与其相关的综合服务活动。

（2）电子商务与网络营销的关系。在理解网络营销含义需要注意的问题中，我们已经提到了，网络营销是电子商务的基础，开展电子商务离不开网络营销，但网络营销并不等于电子商务，它们具体的区别和联系如下：

① 网络营销与电子商务研究的范围不同。电子商务的内涵很广，其核心是电子化交易，电子商务强调的是交易方式和交易过程的各个环节，而网络营销注重的是以互联网为主要手段的营销活动。网络营销和电子商务的这种关系也表明，发生在电子交易过程中的网上支付和交易之后的商品配送等问题并不是网络营销所包含的内容，同样，电子商务体系中所涉及的安全、法律等问题也不适合全部包括在网络营销中。

② 网络营销与电子商务的关注重点不同。网络营销的重点在交易前阶段的宣传和推广，电子商务的标志之一则是实现了电子化交易。网络营销的定义已经表明，网络营销是企业整体营销战略的一个组成部分，可见无论传统企业还是基于互联网开展业务的企业，也无论是否具有电子化交易的发生，都需要网络营销，但网络营销本身并不是一个完整的商业交易过程，而是为了促成交易提供支持，因此，它是电子商务中的一个重要环节，尤其在交易发生之前，网络营销发挥着主要的信息传递作用。

因此，从某种意义上说，电子商务可以被看作是网络营销的高级阶段，一个企业在没有完全开展电子商务之前，同样可以开展不同层次的网络营销活动。

1.2 网络营销的技术与工具

网络营销作为网络环境下以网络为工具的营销活动，需要网络营销技术的支持。网络营销技术是以网络技术为基础的众多技术的总和。按照一般对技术类型的划分，可以将这些技术分为硬件技术和软件技术。硬件技术包括了计算机和网络硬件的技术，软件技术包含了系统软件技术、数据库技术和应用软件技术，其中硬件技术和系统软件技术是其他所有网络营销工具和方法直接依赖的具体技术项的基础。

1.2.1 网络营销技术基础内容

（1）计算机网络，就是利用通信线路把分布在不同地理区域的多个具有独立功能的计算机系统与专门的外部设备互相连接起来，通过功能完善的网络软件，按照网络协议进行数据通信，实现资源共享的一种技术。

按照规模大小和延伸范围，网络可分为：局域网 LAN 和广域网 WAN。

（2）互联网，是一种集通信技术、信息技术和计算机技术为一体的网络系统。互联网的特点：① 全球信息传播；②信息容量大，时效长；③便捷的信息检索；④灵活多样的入网方式。

互联网提供的服务内容：① 收发电子邮件；② 万维网信息浏览；③ 信息检索系统；④ 远程登录系统；⑤ 文件传输服务（FTP）；⑥ 公告板系统（BBS）和新闻讨论组。

（3）网络营销平台，一般是建立在Web平台基础上的，配之以相应的支持网络销售的应用软件和保证网络安全和电子支付需要的软件。营销平台建设的关键问题是Web站点的建设。

① 网络接入服务商（ISP）的选择：ISP出口带宽接入用户数、ISP提供的服务种类、技术支持能力、ISP的服务费用问题。

② 选择接入互联网的方式：服务器托管和通过公用网络接入。

1.2.2 网络营销常用工具

（1）企业网站。在所有的网络营销工具中，企业网站是最基本、最重要的一个。没有企业网站，许多营销方法将无用武之地，企业的网络营销总体效果也将大打折扣。网站的种类很多，如政府网站、教学网站、网上零售网站、网上拍卖网站、个人网站等。从网站的基本原理和采用的技术基础上说，各种网站没有本质性的区别，不同之处在于网站的目的、内容、功能、经营方式等。无论企业规模大小，都有开展网络营销的必要，只是在网络营销策略上存在一定的差别，表现在企业网站上就是网站功能、内容和服务等方面的差异，其本质特征是一致的，都是作为网络营销的工具。例如，戴尔公司的网站发展演变。戴尔公司的网站从最初的信息发布功能为主，到1996年实现在线销售功能，逐步发展到网站覆盖公司整个业务流程。许多公司的电子商务发展进程都经历了戴尔公司的网站演变历程。

（2）搜索引擎。搜索引擎是常用的互联网服务之一，搜索引擎的基本功能是为用户查询信息提供方便。利用搜索引擎推广营销的方法可以分为多种不同的形式，常见的有：登录免费分类目录、登录付费分类目录、搜索引擎优化、关键词广告、关键词竞价排名、网页内容定位广告等。从目前的发展趋势来看，搜索引擎在网络营销中的地位依然重要，并且得到越来越多企业的认可，搜索引擎营销的方式也在不断发展演变，因此应根据环境的变化选择搜索引擎营销的合适方式。目前常用的中文综合搜索引擎有百度、搜狐、新浪、网易等，以及国外品牌搜索引擎提供的中文服务，如雅虎中文、谷歌中文等。

（3）电子邮件Email。以电子邮件为主要的网络营销推广手段，常用的方法包括电子刊物、会员通讯、专业服务商的电子邮件广告等。基于用户许可的电子邮件营销与滥发邮件不同，许可营销比传统的推广方式或未经许可的电子邮件营销具有明显的优势，比如可以减少广告对用户的滋扰、增加潜在客户定位的准确度、增强与客户的关系、提高品牌忠诚度等。许可Email营销是网络营销方法体系中相对独立的一种，既可以与其他网络营销方法相结合，也可以独立应用。

（4）博客。博客是消费者制造信息和传播信息的门户，企业可以通过在博客中按照内容和博主的兴趣定向投放广告、为博主免费提供产品试用，进而邀请博主发表对产品的感受和评价、邀请博主参观企业、与博客运营商合作推出博客页面装饰性的工具等方面传播企业信息。投放广告无疑是最简单的形式，但如果能够获得博主的认同并撰写对企业和产品有利的文章，则可以实现口碑传播的效果。另外，企业自己设立博客也不失为一种好的传播方式，当前一些企业在企业博客中与消费者的互动问答也已经取得了不错的效果。

（5）论坛。论坛的树状形式可以产生良好的传播效果，在论坛中开设企业或品牌专区，有目的性和方向性地提出话题并组织话题讨论，邀请消费者参与并给予精神上的鼓励，都可以实现传播目的。实际上，很多企业都很重视论坛的传播效果。在论坛设定话题和引起话题讨论无疑是最直接的办法。实际上，现在已经出现了专门的论坛营销服务，服务企业称之为“论坛营销”。其实质就是在一定分类的论坛中定向、定量地设定话题和引发讨论的营销手段，其核心在于话题的吸引力和关注度，通过一定的文字导向诱使论坛用户参与话题的讨论，并且引导话题讨论向着有利于企业的角度发展。这种传播方式的受众就是论坛用户，讨论话题的深度、参与用户的数量、论坛话题制造的数量、论坛的数量都是具体的考核指标。例如，如果你对阿里巴巴旗下的淘宝网尝试对网络商户收费而引发的大规模抗议，而最终不得不取消收费的事件还有记忆的话，你也可能会记得有一个其竞争对手的身影曾经出现在那次事件中，那就是腾讯旗下的拍拍网。在那次事件中，拍拍网聘用了一家公关公司使用了论坛传播的方式，借机从淘宝网吸引了一批商户加盟拍拍网。

（6）网络广告。网络广告是一种潜移默化的信息沟通和传播手段，在网络游戏中植入品牌信息、产品信息，可以接触到大量网民。最佳的方式是体验式、互动式的信息传播，如将产品信息按照游戏情节植入，使消费者在游戏过程中了解产品的性能和特殊利益。此外，还可以将信息与游戏故事融合在一起，用故事在消费者心里留下深刻印象。例如，在赛车游戏中，米其林轮胎出现在赛车配件库中，游戏角色选用米其林轮胎，可以看到与现实完全相同的轮胎技术参数，能够感受到米其林轮胎在游戏中的优异性能，从而使玩家通过游戏了解米其林、认可米其林，而且这种类似于真实的亲身感受对玩家的影响力远远超过传统的信息灌输效果。

（7）即时通讯。即时通讯工具的营销功能远比人们已经实践的更多，实际上，即时通讯平台可以实现单体、小众、大众的协调统一的沟通与传播。在单体沟通上，即时通讯可以替代电话，群和组的功能可以将信息定向传递到有着共同需求的小众群体之中，而其操作框的广告位可以到达大众群体。很多企业都借助于即时通讯进行传播和完成业务，包括肯德基、东风雪铁龙、大众汽车等企业，而且还有一些企业组织起了企业群，通过群向潜在的消费者传递产品和品牌信息，将他们转化为忠实的消费者。

（8）社会性网络服务（SNS 社区）。虚拟社区有着非常多的传播机会，传播效果也较好。虚拟社区指的是人物角色类的模拟现实世界的游戏，是网络游戏的一种，但允许消费者自我创造，相比程式化的其他类型网络游戏更能显示创造性，虚拟社区中的虚拟商品和道具都可以成为信息的载体。例如，腾讯的网络社区、赛我网的社区都是很好的娱乐社区，在腾讯的虚拟社区中，QQ 秀、QQ 空间、QQ 宠物都是良好的传播平台。比如在 QQ 宠物中，饮料、食品、运动服饰等产品和品牌都可以做成虚拟产品植入其中，让虚拟的 QQ 宠物享用，从而在实际的用户之中形成品牌忠诚。当然，同样的传播机会也适合于其他消费品企业。

1.3 网络营销环境

网络营销环境是指影响企业网络营销的而企业又无法控制的各种因素的总称，包括企业网站本身、供应商、销售商、网络服务商、顾客、社会公众及相关行业的网络环境等。网络营销环境分析是企业制定网络营销战略与策略的前提。

1.3.1 网络营销宏观环境

网络营销宏观环境是指那些给企业造成市场机会和环境威胁的主要社会力量因素，包括社会文化环境、政治法律环境、经济环境、人口环境、科技环境和自然环境。这些主要社会力量代表企业不可控制的变数。

（1）社会文化环境。社会文化环境是由人们的态度、兴趣、价值观、习惯、信念标准、生活方式、审美观等组成，它对人们对产品和服务的喜好起着十分重要的作用。科特勒认为，社会文化价值影响着人们生活的每个方面，决定人们的看法。

（2）政治法律环境。政治法律环境包括政治环境和法律环境。它主要对产品标准、服务标准、经营实践、包装、广告等有重要影响，必须严格依法执行。概括起来就是两个方面：一是保障作用；二是规范作用。因此，在网络营销活动中企业相应的营销策略有以下几个方面：要遵守目标市场东道国相关法律法规的规范；要服从国家有关发展战略与政策的要求；要积极利用国家政策给网络营销带来的机会，尽量争取对企业、对社会、对消费者都有利的法律法规和政策出台；要积极运用国家法律法规武器，保护自己在网络营销活动中的合法权益。

（3）经济环境。经济环境包括通货膨胀、利率、价格、投资、储蓄、收入及就业率等因素。这些因素对消费者购买力和消费模式都会产生直接的影响。不同经济阶段各因素的变化如表 1-1 所示。

表 1-1　不同经济阶段各因素的变化情况

经济阶段	各因素变化情况
繁荣期	低失业率、高收入、高购买力
衰退期	失业率上升、购买力下降，甚至出现消费者和企业购买力停滞
萧条期	高失业率、可自由支配的收入降低、消费者对未来经济复苏缺乏信心

（4）人口环境。人口的数量、结构、分布以及它们的变化趋势都对企业的网络营销产生一定的影响，主要表现在以下两个方面：一是上网人口的数量、方式及其增长速度决定网上市场的规模。二是上网用户结构决定或影响着网上营销产品及服务的需求结构。

（5）科技环境。它是指与本行业有关的科学技术的水平和发展趋势。科学技术是影响企业营销活动各因素中最直接、力度最大、变化最快的因素。如今摆在企业面前最大的机会和挑战是如何利用互联网促进企业的技术进步。

（6）自然环境。自然环境是指能够影响社会生产过程的各种自然因素。自然环境对企业经营的影响，主要表现为自然资源日益短缺、能源成本提高、环境污染日益严重、政府对自然资源管理的干预不断加强、气候变化趋势、地理环境特点等，所有这些都直接或间接地给企业的生产经营带来威胁或机会。在互联网条件下，网络中心的选址、企业采购地的选择是否符合市场规律，都是值得研究和分析的。

1.3.2 网络营销微观环境

（1）企业内部环境。企业内部环境的主要内容包括：企业发展战略的重视程度；所需资源的保障能力；企业组织结构。

企业内部环境对网络营销的影响，具体表现在以下几个方面：

第一，企业组织结构快速应变能力是网络营销的保障；第二，人才是网络营销的必要条件；第三，企业内部管理信息化、网络化是网络营销的基础。

（2）企业外部环境。

① 供应商。供应商对网络营销的影响主要表现在两个方面：

一是所提供资源的价格和数量，直接影响企业产品的价格、销量和利润。二是供应短缺，可能影响企业的交货期。从短期看，损失销售额；从长期看，损害企业在顾客中的信誉。

② 中间商。中间商是协助企业寻找顾客或直接与顾客进行交易的商业企业，主要包括商人中间商、代理中间商、服务商和市场营销机构等。

网络技术的运用对流通领域的经济行为产生了分化和重构，其影响表现为三个方面：一是企业对中间商的依赖性减弱；二是中小企业市场进入的障碍明显降低；三是企业面向顾客的机会增多。

③ 顾客或用户。顾客或用户是企业产品销售的市场，是企业直接或最终的营销对象。网络技术的发展极大地消除了企业与顾客之间的时空限制，创造了一个让双方更容易接近和交流信息的机制。顾客可以通过网络得到更多的需求信息，使他们的购买行为更加理性。

进行顾客分析，目的是如何通过互联网发现顾客、吸引顾客、满足顾客需求、留住顾客并与顾客建立稳固的联系。

④ 竞争者。控制竞争者对网络营销的影响，主要从以下五个方面入手：第一，识别竞争者——品牌竞争者、产品形式竞争者、一般竞争者和愿望竞争者。第二，判断竞争者目标——利润、投资报酬率、市场占有率、技术领先、服务领先、低成本领先、信誉领先等。第三，评估竞争者的优势和劣势——对竞争者资源的分析和对竞争对手假设的分析。第四，判断竞争者的反应——从容不迫的竞争者、选择型竞争者、强烈型竞争者和随机型竞争者。第五，网络市场竞争新特点：一是识别竞争者的难度加大；二是企业竞争的国际化进程加快；三是合作发展比单纯竞争更重要。

（3）网络营销微观环境变化的新思路。工业经济向网络经济转变过程中，企业从竞争到合作，从“零利”到“双赢”，合作成为企业经营战略的基本思路。以合作代替竞争作为企业经营的新思路，源于知识经济时代信息商品不同于工业经济时代物质商品的特性：首先，信息商品具有可重复使用性，信息商品的使用并不像物质商品的使用那样会被消耗掉。其次，信息商品具有不完全排他性。所有物质商品都具有排他性，但你拥有一种信息，不排除他人同时拥有此信息。另外，网络技术为企业实施该战略提供了良好的信息交流条件。通过互联网，企业与合作伙伴之间可以应用 EDI 等信息系统实现彼此的资料互换、信息共享，联合进行产品开发、生产、营销，以及售后服务。

1.3.3 网络营销策略与网络营销环境的协调

从企业网络营销活动的内容和形式来看，网络营销的开展就是营造网上经营环境的过程，也就是说，网络营销的开展需要企业内部环境与外部环境的相互作用和相互协调，因此应正确认识和处理内部环境与外部环境的关系问题。内外环境相协调的核心思想包含两个方面的含义：一是对于外部环境的适应和选择；二是对于内部环境的创造和利用。

对于网络营销的外部环境，企业自己无法去改变它，因此需要对各种网络营销外部环境因素有充分的了解，学习、适应并合理选择利用外部网络营销资源，尽可能达成与环境的协调，这样才能营造和谐的外部环境。

对于网络营销的内部环境，则在很大程度上是企业可以自己掌握和控制的。对于各种可以影响网络营销效果的因素都可以通过自己的努力得以改善，因此应该掌握网络营销的一般原理和方法，努力创造并充分利用有价值的网络营销资源，只有这样才能真正让网络营销发挥其应有的作用。

理解网络营销内部和外部环境协调的观点，有助于用全面的观点来考察网络营销的效果、制定合理的网络营销策略。一些企业网络营销没有取得明显效果，可能取决于外部环境因素，也可能取决于内部环境因素，或者两者均有关系，这就需要从内外部环境两个方面来进行网络营销诊断，分别找出其中的关键因素，并采取合理的手段加以改进。

1.4 网络营销与传统营销的比较

在商业社会里，商人们总会想方设法把自己的产品在市场上销售出去，以满足顾客不断变化的需求，并且获取利润，这样就产生了市场营销。营销是企业经营的一项重要内容，制定合理的营销策略是企业将自己的劳动成果转化为社会劳动的一种努力，是企业实现其劳动价值和目的的一项十分重要的工作。

对于传统营销这一概念，营销界尚无一个明确统一的定义。菲利普·科特勒在 1983 年提出的传统营销的定义是：传统营销是致力于交换过程以满足人类需要的活动。在交换过程中卖方主要寻找买主、识别买者需要、设计适当的产品、进行产品促销、存储和运输产品、出售产品等。最重要的传统营销活动是产品开发，市场研究、促销、分销定价和服务。1984 年他又进一步提出，传统营销是企业的这样一种职能：识别目前未满足的需要与欲望，估计和确定需求量的大小，选择本企业能最好地为之服务的目标市场，并确定产品计划，以便为目标市场服务。

由此可见，所谓传统营销，就是在变化的市场环境中，企业或其他组织以满足消费者需要为中心进行的一系列营销活动，包括市场调研、选择目标市场、产品开发、产品定价、渠道选择、产品促销、产品存储和运输、产品销售、提供服务等一系列与市场有关的企业经营活动。

今天，网络时代已悄然把我们带进了电子商务的世界，这里有商家、消费者，有产品及服务，形成了一个名副其实的虚拟市场。既然有了虚拟的网络市场，自然也就有了网络营销。

1.4.1 网络营销对传统营销的冲击

网络营销是新的营销形式，与传统营销有着千丝万缕的联系，它们都是以销售、宣传商品及服务、加强与消费者的沟通和交流等为目的，但同时它们又存在着明显的差别，在营销的手段、方式、工具、渠道以及营销策略上都有着本质区别。

传统营销是研究引导商品和服务从生产者到达消费者和使用者所进行的一切企业活动，包括消费者需求研究、市场调研、产品开发、定价、分销、广告、公关、销售等。在上述营销活动的各个过程中，在互联网上开展的网络营销活动在很大程度上有别于传统营销，因此，网络营销对传统营销所带来的冲击是多方面的，也是不可避免的。

现在我们用著名的电脑制造商 DELL 的网络营销模式对传统营销形成的巨大冲击来做简要说明。1984 年，一个名叫麦克尔·戴尔的年轻人要创办公司，他想按照客户的要求来制造微机并向客户直接发货。这一想法使得该公司迅速跻身为业内最大的制造商之列。DELL 的网络营销是贯彻这一营销理念的重要手段。DELL 的顾客通过 DELL 公司的网站和 DELL 在线商店可以评价多种电脑配置模式，了解各款电脑和各种电脑零配件的即时报价，自己设计和订制产品，然后通过互联网将这些信息传递给 DELL 公司。DELL 公司再按订单设计、生产，最后通过物流配送体系直接将货发送到消费者手中。货款通过信用卡或上门收取。这就是 DELL 电脑的网络营销模式。通过这种模式，我们会有以下发现：

1.4.1.1 网络营销对传统营销策略的挑战

传统营销致力于建立并维持和依赖层层严密的渠道，在市场上投入大量的人力、物力和广告，这一切在网络时代将被看成无法负担的奢侈。在网络时代，人员推销、市场调研、广告促销、经销代理等传统营销手法将与网络相结合，并充分运用互联网上的各项资源，形成以最低成本投入获得最大市场销售量的新型营销模式。

（1）对标准化产品的改变。作为一种新型媒体，互联网可以在全球范围内进行市场调研。通过互联网厂商可以迅速获得关于产品概念和广告效果测试的反馈信息，也可以测试顾客的不同认同水平，从而更加容易地对消费者行为方式和偏好进行跟踪。因此，在互联网大量使用的情况下，对不同的消费者提供不同的商品将可能实现。

（2）品牌全球化管理的改变。与现实企业的单一品牌与多品牌的决策相同，开展网络营销的公司主要的挑战是如何对全球品牌和共同的名称或标志识别进行管理。在实际执行时，对公司的品牌管理采取不同的方法会产生不同的情况。

（3）定价策略的冲击。如果公司某种产品的价格标准不统一或经常改变，客户将会通过互联网认识到这种价格的差异，并可能因此而对公司产生不满。所以相对于目前的各种传统媒体来说，互联网先进的网络浏览功能会使波动的价格水平趋于一致。这将对有分销商分布在海外并在各地采取不同价格的公司产生巨大冲击。

（4）营销渠道的增加。在网络环境下，生产商可以通过互联网与最终用户直接联系，因此，中间商的重要性将有所降低。

1.4.1.2 网络营销与传统营销的不同方式

随着网络技术迅速向宽带化、智能化、个人化方向发展，用户可以在更广阔的领域内方便地实现声音、图像、动画和文字一体化的多维信息共享和人机互动功能。“个人化”把“服务到家庭”推向了“服务到个人”。正是这种发展将使得传统营销方式发生革命性的变化，其结果将可能导致大众市场的逐步终结，并逐步体现市场的个性化，最终将会以每一个用户的需求来组织生产和销售。

（1）重新营造顾客关系。网络营销的企业竞争是一种以顾客为焦点的竞争形态，争取新顾客、留住老顾客、扩大顾客群、建立亲密的顾客关系、分析顾客需求、创造顾客需求等，都是最关键的营销课题。因此，在网络环境下，公司如何与散布在全球各地的顾客群保持紧密的关系，并能正确掌握顾客的特性，再通过对顾客的教育和对本企业形象的塑造，建立顾客对于虚拟企业与网络营销的信任感，这些都是网络营销成功的关键。基于网络时代的目标市场、顾客形态、产品种类与以前传统的一切会有很大的差异，如何进行跨越地域、文化和时空的差距重新营造企业与顾客的关系，将需要许多创新的营销行为。

（2）对营销战略的影响。由于互联网所具有的平等性、自由性和开放性等特征，使得网络时代企业的市场竞争是透明的，人人都能掌握竞争对手的产品信息与营销行为。因此，适时地运用在网络上获得的信息来研究并采用具有优势的竞争策略，可以使小企业更易于在全球范围内参与竞争，这一点是跨国公司所不能忽视的。无论怎样，网络营销都将降低传统环境下跨国公司所拥有的规模经济的竞争优势。

（3）对跨国经营的影响。在网络时代，企业开展跨国经营是非常必要的。在过去分工经营的时期，企业只需专注于本行业和本地区的市场，而将其在国外的市场委托给代理商或经销商去经营。但互联网所具有的跨越时空性和全球性，使得进行全球营销的成本低于地区营销，因此企业将不得不进入跨国经营的时代。网络时代的企业，不但要熟悉不同国度的市场顾客的特性以争取他们的信任，并满足他们的需求，还要安排跨国生产、运输与售后服务等工作，这些跨国业务都是经由网络来联系与执行的。

可见，尽管互联网为现存的跨国公司和新兴公司（或它们的消费者）提供了许多利益，但对于企业经营的冲击和挑战也是令人生畏的。任何渴望利用互联网进行跨国经营的公司，都必须为其经营选择一种恰当的商业模式，并要明确这种新型媒体所传播的信息和进行的交易将会对其现存模式产生什么样的影响。

1.4.2 网络营销相对于传统营销的优势与劣势

1.4.2.1 在营销传播方面

传播指的是卖方将商品或服务的信息传递给买方的过程。通过互联网进行营销传播有以下优势：（1）一对一传播。通过互联网可以使市场细分到一对一的程度，卖方可以针对某一买方进行广告促销等。（2）传播生动。通过先进的互联网技术，信息可以以文字、图片、声音、影像等多媒体形式传播，全方位展示产品的特点，可以给消费者留下极深刻的印象。互联网技术可以将大部分商品外观特点和性能指标传递给消费者，让消费者有身临卖场的感觉。(3) 低成本。互联网除了在信息传递方面具有低成本的特点外，互联网内的虚拟空间还具有无限扩展的特点，节约了大量的宣传板、条幅等传统的宣传工具。(4) 即时性和互动性。现代的消费者对于等待越来越没有耐心，他们的疑问需要商家立即回答，否则就离场。互联网的即时性和互动性能满足消费者的这一特点。

通过互联网进行营销传播有以下劣势：(1) 缺少现实感。人有五觉，产品的味觉、触觉、嗅觉等信息难以通过互联网传递。因而，像书籍、电脑等标准化产品，主要靠视觉作出购买决策，通过互联网就能够将信息完全传递给买方；而对于衣服、食品等产品，不仅需要用眼看，还需要用手触摸，甚至试用，互联网不能将产品信息全部传递给消费者。(2) 局限性。通过传统方式进行传播，可以选择报纸、电视、广播、路牌广告等，将传播渗透到消费者的生活中去。互联网传播只能通过电脑、手机等数码终端，传播有限。而且消费者在上网时对于广告的点击率有限，也限制了互联网传播的有效性。

1.4.2.2 在需求信息传递方面

通过互联网表达需求有以下优势：(1) 低成本。传统的信息传递方式是普通邮件、卖方进行的市场问卷调查等。这些传递方式的成本都较高。而互联网在中国的普及已经使上网费降到了一个很低的程度，现在通过宽带上网，价格更便宜，而且上网费依然在快速下降中。通过许可 Email 的方式来进行广告，在网上填订单及网上调查问卷的单位成本可以低到忽略不计。(2) 高速。信息在互联网络中可以光速传播，信息在几秒至多几分钟内可以传递到地球的任一角落。(3) 随时随地。由于网络的全天候和全球性，加上无线互联技术的逐步成熟，顾客可以随时随地传达自己的需求信息。(4) 更加规范和易于统计。信息以标准的文字表达，不会像手写的那样难以辨认；数据的传递是数字格式，易于归类、统计、储存。这使得市场调研更加快速有效。(5) 互动性。通过即时通讯工具、网络聊天室、BBS 等，信息可以在买方和卖方之间即时交流。(6) 数量多。买方通过互联网选购商品，所看到的商品是大量的，方便比较择优。卖方通过互联网收集买方的需求信息，具有同样的特点。

通过互联网表达需求有以下劣势：(1) 信息来源有限。就目前和未来相当长的一段时间来说，上网的只是买方的一部分，商家根据这一部分消费者进行市场调研和营销，存在着偏差。(2) 真实性下降。网络是虚拟的，网民在面对网络时责任感下降，因而传递信息或下订单时会有恶作剧，使信息的真实性下降。

1.4.2.3 在商品/服务方面

商家依靠商品/服务来满足消费者的需要和欲望。通过互联网或物流配送来传递商品/服务有以下优势：(1) 即时高速。对于软件等无形产品，通过互联网下载可以即时由卖方手上传递到消费者手上；先进的物流手段使消费者从网上购物的速度大大快于传统的销售。(2) 节省渠道成本。网络营销免去了中间商环节，直接由卖方传递给买方，节约了铺租、库存等费用。

通过互联网或物流配送来传递商品/服务的劣势：产品分为一般商品（有形产品）和服务。由于服务的消费与生产同时，而且不可触摸，不可储存，这使服务不可通过网络或物流配送传递，必须通过传统销售渠道；就有形产品来说，某些贵重产品和个性化产品，只有消费者亲临现场才会作出购买决策，也并不适合网络营销。

1.4.3 传统营销与网络营销的整合

网络营销作为新的营销理念和策略，凭借互联网特性对传统经营方式产生了巨大的冲击，但这并不等于说网络营销将完全取代传统营销，网络营销与传统营销是一个整合的过程。这是因为，首先，互联网作为新兴的虚拟市场，它覆盖的群体只是整个市场中某一部分群体，许多群体由于各种原因还不能或者不愿意使用互联网，如老人和落后国家地区，因此传统的营销策略和手段则可以覆盖这部分群体。其次，互联网作为一种有效的渠道有着自己的特点和优势，但对于许多消费者来说，由于个人生活方式不愿意接受或者使用新的沟通方式和营销渠道，如许多消费者不愿意在网上购物，而习惯在商场上一边购物一边休闲。再其次，互联网作为一种有效沟通方式，可以方便企业与用户之间直接双向沟通，但消费者有着自己个人偏好和习惯，愿意选择传统方式进行沟通，如报纸有网上电子版本后，并没有冲击原来的纸张印刷出版业务，相反起到相互促进的作用。最后，互联网只是一种工具，而营销面对的是灵性的人，因此传统的以人为本的营销策略所具有的独特的亲和力是网络营销没有办法替代的。随着技术的发展，互联网将逐步克服上述不足，在很长一段时间内网络营销与传统营销是相互影响和相互促进的局面，最后实现融洽的内在统一。

传统营销与网络营销是相互促进和补充的，企业在进行营销时应根据企业的经营目标和细分市场，整合传统营销与网络营销策略，以最低成本达到最佳的营销目标。传统营销与网络营销的整合，就是利用整合营销策略实现以消费者为中心的传播统一、双向沟通，实现企业的营销目标。

本章小结

网络营销是一门新兴的学科，对网络营销的理解必须建立在对网络营销知识理解的基础上。在本章中，结合现代营销学理论对网络营销的产生、发展及特点进行了叙述，分析了网络营销与电子商务的联系以及比较了网络营销与传统营销之间的差异，以帮助大家更好地理解网络营销的基本概念。

思考题

1. 简述网络营销产生的基础。
2. 简述网络营销与电子商务的联系。
3. 分析比较网络营销与传统营销。

第2章 网络市场调研

【学习目标】了解网络市场调研的含义；熟练掌握网络市场调研的基本程序；了解网络市场调研中的问题。

【技能目标】能熟练地运用计算机开展网络调研。

【工作任务】为企业开展网络营销活动寻找合适的信息资源；运用网络数据库的专业知识信息为企业服务；运用专业知识为企业开展市场调研活动。

案例导入

吉列剃须刀的营销

吉列公司创建于1901年，其产品因使男人刮胡子变得方便、舒适、安全而大受欢迎。进入20世纪70年代，吉列公司的销售额已达20亿美元，成为世界著名的跨国公司。然而吉列公司的领导者并不因此而满足，而是想方设法继续拓展市场，争取更多用户。就在1974年，公司提出了面向妇女的专用“刮毛刀”。

这一决策看似荒谬，却是建立在坚实可靠的市场调研的基础之上的。吉列公司先用一年的时间进行了周密的市场调研，发现在美国30岁以上的妇女中，有65%的人为保持美好形象，要定期刮除腿毛和腋毛。这些妇女之中，除使用电动刮胡刀和脱毛剂之外，主要靠购买各种男用刮胡刀来满足此项需要，一年在这方面的花费高达7 500万美元。相比之下，美国妇女一年花在眉笔和眼影上的钱仅有6 300万美元，染发剂5 500万美元。毫无疑问，这是一个极有潜力的市场。

根据市场调研结果，吉列公司精心设计了新产品，它的刀头部分和男用刮胡刀并无两样，采用一次性使用的双层刀片，但是刀架则选用了色彩鲜艳的塑料，并将握柄改为弧形以利于妇女使用，握柄上还印压了一朵雏菊图案。这样一来，新产品立即显示了女性的特点。

公司根据多数妇女的意见，选择了“不伤玉腿”作为推销时突出的重点，刊登广告进行刻意宣传。结果，雏菊刮毛刀一炮打响，迅速畅销全球。

资料来源：http：//www. dindinshop. com/bbs/read. php？ tid =467。

案例简评

市场调研是经营决策的前提，只有充分认识市场，了解市场需求，对市场作出科学的分析判断，决策才具有针对性，从而拓展市场，使企业兴旺发达。

2.1 网络市场调研概述

市场调研是网络营销的重要环节，没有市场调研，就把握不了市场。互联网作为 21 世纪新的信息传播媒体，它的高效、快速、开放，是无与伦比的。它加快了世界经济结构的调整与重组，形成了数字化、网络化、智能化、集成化的经济走向；它强烈地影响着国际贸易环境，正在迅速改变传统的市场营销方式。

为了适应信息传播媒体的变革，一种崭新的调研方式——网上调研随之产生。

2.1.1 网络市场调研的含义

市场调研是指以科学的方法，系统地、有目的地收集、整理、分析和研究所有与市场有关的信息，特别是有关消费者的需求、购买动机和购买行为等方面的信息，从而把握市场状况和发展态势，有针对性地制定营销战略，取得良好的营销效益。

网络市场调研是基于互联网开展的信息收集、整理、分析和研究的活动。与传统的市场调研一样，进行网络市场调研，主要是要收集信息并分析研究以下几个方面的问题，即市场可行性、不同地区的销售机会和潜力、营销销售的各种因素、竞争分析、产品研究、包装测试、价格研究、广告监测和效果研究、企业形象研究、消费者研究和市场性质动态变化分析等。

2.1.2 网络市场调研的特点

网络市场调研可以充分利用互联网的开放性、自由性、平等性、广泛性和直接性等特点，开展调研工作。现在国际上许多公司都利用互联网及其他一些在线服务进行市场调研，并取得了满意的效果。与传统的市场调研相比，网络市场调研具有以下六个特点：

（1）网络信息的及时性和共享性。网络的传输速度非常快，网络信息能迅速传递给互联网上的任何用户；网上调研是开放的，任何网民都可以直接参加投票和查看结果，这保证了网络信息的及时性和共享性。另外，网上投票信息经过统计分析软件初步处理后，可以马上看到阶段性的调研结果，而传统调研结论的形成，需经过很长一段时间。如人口抽样调研统计分析需 3 个月，而中国互联网信息中心（CNNIC）在互联网上进行调研时，从设计问卷到网上调研和发布统计结果，前后总共只用了 1 个月的时间。

（2）网络调研的便捷性和低成本性。在网络上进行调研，只需要一台能上网的计算机即可。调研者在企业站点上发出电子调研问卷，网民自愿填写，然后通过统计分析软件对访问者反馈回来的信息进行整理和分析。网上调研在信息采集过程中不需要派出调研人员，不受天气和距离的限制，不需要印刷调研问卷，调研过程中最繁重、最关键的信息采集和录入工作将分布到众多网上用户的终端上完成。网上调研可以无人值守和不间断地接受调研填表，信息检验和信息处理工作均由计算机自动完成。这样，便能节省大部分的工作量，减少人力物力的投入，在其调研便捷的同时，也有低成本性的特点。

（3）网络调研的交互性和充分性。网络的最大好处是交互性。在网上调研时，被调研对象可以及时就问卷相关的问题提出自己更多的看法和建议，可减少因问卷设计得不合理而导致的调研结论的偏差等问题。由于互联网被称为是全球最大的百科全书，因此，在互联网上进行调研的信息样本可以达到最大化，信息的内容应该是最为充分的。同时，被调研者还可以自由地在网上发表自己的看法，也没有时间限制的问题。这在传统的调研中是不可能做到的。

（4）网络调研结果的可靠性和客观性。由于公司站点的访问者一般都对公司产品有一定的兴趣，所以这种基于顾客和潜在顾客的市场调研结果大部分都是客观的和真实的，它在很大程度上反映了消费者的消费心态和市场发展趋向。

（5）网络调研无时空和地域限制。网上市场调研可以 24 小时全天候进行，这与受区域和时间制约的传统调研方式有很大的不同。

（6）网络调研的可检验性和可控制性。利用互联网进行网上调研收集信息，可以有效地采集信息，并提高实施系统的可检验性和可控制性。这是因为，第一，网上调研问卷可以附加全面规范的指示解释，有利于消除因对指示理解不清或调研员解释口径不一而造成的调研偏差；第二，问卷的复核检验由计算机依据设定的检验条件和控制措施自动实施，可以有效地保证对调研问卷 100% 的复核检验，保证检验与控制的客观公正性；第三，通过对被调研者的身份验证技术可以有效地防止信息采集过程中的舞弊行为。

2.1.3 网络市场调研策略

网络市场调研的目的是收集网上消费者和潜在消费者的信息，利用互联网加强与消费者的沟通与理解，便于改善营销环境，更好地服务于顾客。为此，市场调研人员必须根据网络调研的特殊性认真研究调研策略，充分发挥网络调研的优越性，提高网络调研的质量。

2.1.3.1 识别企业站点的访问者并激励其访问其站点

一般的市场调研，不管是普查、重点调研、典型调研，还是随机抽样调研、非随机抽样调研以及固定样本持续调研，虽然调研的范围不同，但是调研对象的基本信息如地区、职业、民族、年龄、性别等都有很强的针对性，那么对被调研对象的分类有一定的预期。然而网络市场调研则大不相同，这种方式没有空间和地域的限制，都是随机的，网络调研人员将无法预知企业站点的访问者，也不能确定调研对象样本。即使那些在网上购买企业产品的顾客，要确定他们的身份、职业、性别、年龄、性别等也是一个很复杂的问题。因此，网络市场调研的关键之一是怎样辨别并吸引更多的访问者，让他们有兴趣在企业站点上进行双向的网上交流。解决这一问题，我们可采取以下一些策略：

（1）通过电子邮件或来客登记簿获取市场信息。电子邮件和来客登记簿是互联网上企业与顾客交流沟通的重要工具与手段。电子邮件可以附有 HTML 表单，顾客可以在表单界面上点击相关主题并且填写附有收件人电子邮件地址的相关信息，然后回发给企业。同样来客登记簿也是让访问者填写并回发给企业的表单。

通过这种方式，企业的所有顾客都可以阅读并了解企业的情况，企业市场营销调研人员便可获得有关访问者的市场信息。例如，知道企业访问者的邮政编码后，调研人员就可以确定访问者所在的国家/地区、省市等地域分布范围；对访问者回复的信息进行分类统计，就可以进一步对市场进行细分，而市场细分是企业制定营销策略的重要依据之一。

（2）赠送访问者奖品或免费商品。如果告知访问者能获得一份奖品或免费商品，访问者就会告诉你邮寄这些奖品的地址。这样你就很容易地知道访问者的姓名、地址和电子邮件地址等。这种策略是已经被证明确实有效可行的。它可以减少访问者因担心个人站点被侵犯而发出不准确信息的数量，提高营销人员市场调研的工作效率。

（3）吸引访问者注册从而获得个人信息。如果使用大量有价值的信息和免费软件来吸引访问者，访问者可能会很乐意告诉你一些有关个人的详细情况。著名的财经网站易富网站专门登载关于股票和投资，以及股市实时行情等有关方面的消息，有些信息非常有价值，但这些信息只有注册用户才可以浏览。访问者为了及时获得这些有用的信息，一般都会毫不犹豫地立即注册，填写自己的相关信息，如年龄、职务、个人资金、所在单位、受教育程度等有关信息，这样就掌握了访问者的一般情况。

（4）向访问者承诺物质奖励。互联网上有些站点会给访问者购买商品打折或给予奖金，这就需要访问者填写一份包括个人习惯、兴趣、假期、特长、收入等一些个人情况的调研问卷。因为承诺有物质奖励，许多访问者都会客观真实地完成调研问卷。

（5）通过软件自动检测访问者是否完成调研问卷。访问者经常会有意无意地漏掉一些信息，这可通过一些软件来确定访问者是否正确地填写调研问卷。如果访问者遗漏了调研问卷上的一些内容，调研问卷会重新发送给访问者要求补填完整；如果访问者按要求完成了调研问卷的全部内容，那么个人计算机屏幕上会立即显示证实完成的公告牌。

2.1.3.2 企业站点上的市场调研策略

（1）科学地设计调研问卷。一个成功的调研问卷必须具备两方面功能：一是能将所调研的问题明确地传达给访问者；二是设法取得对方的合作，即访问者能真实、准确地回复。设计一份理想、科学的在线问卷，必须遵循以下几个原则：

① 目标性原则。对访问者询问的问题与调研主题要密切相关，能够重点突出。

② 可接受性原则。被调研者回复哪一项、是否回复有自己的理由，故问卷设计要容易为被调研者所接受。不管是西方国家还是东方国家，涉及关于个人的问题，例如个人收入、家庭生活中比较敏感的问题等，访问者一般不愿意或拒绝回复。所以，涉及有关个人隐私的问题应遵循个人信息适量原则，适时需要地出现在调研问卷中，以免引起访问者的反感。

③ 简明性原则。所询问内容要简明扼要，尽量让访问者易读、易懂，而且回复内容也要简短省时。因此，调研问卷的设计多采用二项选择法、顺位法、对比法等；调研问卷应保证合理长度，一般性的调研应尽量控制在 20 道题以内，10 分钟答完为宜；调研问卷中问题的答案应给访问者提供相应的选项信息，以便访问者回答；设计调研问卷时，调研人员可以在每个问题后设置两个按钮（YES 或 NO），以方便访问者表达他们的观点。

④ 匹配性原则。即使访问者回复的问题便于检查、数据处理、统计和分析，提高市场调研工作的效率。

（2）监控在线服务。企业站点的访问者能够利用互联网上的一些软件来跟踪在线服务。市场调研人员可以通过监控在线服务了解访问者主要浏览了哪类企业、哪类产品的主页，挑选和购买何种产品等基本情况。通过对这些数据的研究分析，营销人员可对顾客的地域分布、产品偏好、购买时间以及行业内产品竞争态势作出初步的判断和估计。

(3) 测试产品不同的调研内容组合。在互联网上，修改调研问卷的内容是很方便的。因此，营销人员可以方便地测试不同的调研内容的组合。如产品的性能、款式、价格、名称和广告页等顾客比较敏感的因素，更是市场调研中重点涉及的内容。通过对不同因素组合的测试，营销人员能分析出哪些因素对产品来说是最重要的，哪些因素的组合对顾客来说是最有吸引力的。

(4) 有针对性地对目标顾客进行跟踪。如果企业市场调研人员跟踪到访问者浏览过哪些其他企业的站点，或阅读过哪些有关产品的广告主页，那么应及时发送适当的信息给目标访问者，使其充分注意到本企业站点的主页，并对产品做进一步的比较和选择。例如，如果访问者刚浏览过竞争企业的站点，那么市场调研人员应及时作出差别化宣传，在企业站点的主页上着重描述本企业产品的特色和服务优势，通过经营上的特色和差别化优势吸引访问者，使其尽可能在本企业站点上实现网上购买行为。

(5) 通过产品特色、网页内容的差别化赢得访问者。市场调研人员在互联网上或通过其他途径获得了顾客或潜在顾客的电子邮件地址信息，就可以直接使用电子邮件向他们发出有关产品和服务的询问，并请求他们反馈回复；也可以在网络调研表单中设置让顾客自由发表意见和建议的板块，请他们发表对企业、产品、服务等各方面的见解和期望。通过这些信息，调研人员可以把握产品的市场潮流以及消费者的消费爱好、消费倾向、消费心理的变化，根据这些变化来调整企业的产品结构和市场营销策略。

(6) 利用传统市场调研和电子邮件相结合。企业市场调研人员还可以在各种传播媒介，比如电视、报纸上或有关杂志期刊上刊登相关的调研问卷，并公告企业的电子邮箱和网址，让消费者通过电子邮件回答所要调研的问题，以此收集市场信息。采用这种方式，调研的范围比较广，同时可以减小企业市场调研中相应的人力和物力的消耗。

(7) 利用产品在网上竞卖掌握市场信息。企业推出的新产品，可以通过网上竞卖，了解消费者的消费倾向和消费心理，把握市场态势，从而制定相应的市场营销策略。比如，1999 年 7 月 1 日，我国长城集团与网易公司联手，在网易上推出金长城 MTV－3800 奔腾三代家用电脑新品，面向全国进行为期 10 天的网上竞卖活动。这是国内首次计算机厂商在网上进行新产品发布和竞卖。通过此次竞卖活动，长城集团很好地掌握了市场上消费者对该类型产品的市场接受度和制定价格的相关信息。

2.2　网络市场调研信息收集的方法

2.2.1　网络商务信息收集的方法

互联网为我们收集各种市场信息提供了十分便捷的手段。在互联网上，世界各个国家和地区发行的报纸、杂志、政府出版物、新闻公报、人口与环境分析报告、市场调研报告、工商企业的供求信息与产品广告都可以上网查找，市场营销调研人员只要掌握利用搜索引擎的技巧和一些相关的网站资源分布，就可以在互联网上查找到大量有价值的环境和商业原始数据或市场信息。

2.2.1.1 使用合适的搜索引擎查找商务信息

（1）使用英文搜索引擎查找商务信息。查找国外商务信息，Alta Vista 是被经常使用的搜索引擎。对网上市场调研者来说，Alta Vista 对以下三个专题检索特别具有商业价值：首先是“商业检索”。使用 Alta Vista 的网站索引以及一个专门的有 180 万个公司事实记录的数据库，通过公司信息、简要象征描述、域名三个途径检索信息，同时可限制检索的范围在哪个行业、哪个城市、哪个洲。其次是“产品检索”，即提供网上购物和网上拍卖的检索。检索时的提问可以设置为产品名称、产品价格，或者直接输入你要寻找的物品的几个相关关键词。最后是“专题讨论组”检索。Alta Vista 可以检索互联网网络专题论坛中所有新闻组的内容，30 000 多个讨论组。网络营销人员如果想了解某方面的信息，输入关键词，检索结果会列出所有有关的讨论组；也可以注册登录后，建立新的话题，让所有感兴趣的用户参与讨论。由于互联网的其他讨论形式的迅速发展，讨论组的使用频率现在已经越来越少了。

Excite 也是一个深受全球网络用户喜爱的搜索引擎。在 Excite 中查找商务信息，既可以采用关键词检索，也可以通过分类目录检索。分类目录中与市场营销密切相关的类目有商业、投资、汽车、计算机等。它的专题检索栏目有黄页、人物、地图、电子邮件、股市行情等。

在 Hotbot 中查找商务信息，既可以采用关键词检索，也可以采用逐级检索方式；在分类目录中，有多个大类与市场营销密切相关，如商业、房地产、汽车、旅游等。Hotbot 的专题检索功能也很强大，可以检索新闻组、黄页、电子邮件地址、域名等。

另外，还可以使用其他的一些优秀的英文搜索引擎，如 Northern Light、Go、Lycos、Digisearch、Newshunter、NewZPrint 等来查找所需要的市场信息。

（2）使用中文搜索引擎查找商务信息。查找国内和亚洲地区的商务信息，使用中文搜索引擎比较方便，例如可以使用搜狗。搜狗是国内著名的中文搜索引擎，收录中英文网络资源。搜狗提供分类查询和关键词全文查询两种方式。在分类目录中与市场调研相关的类目有工商经济、公司企业、旅游、国家与地区、政治与法律、计算机与互联网、科学与技术等。搜狗的关键词可以使用中英文两种方式。

查询金融证券方面信息可使用和讯。和讯金融搜索引擎几乎囊括了国内金融证券网站的全部内容。后台数据库巨大，共有分类搜索库、网站的内容检索库和全球网页检索库三个分库，提供分类检索和关键词检索两种方式，同时支持中文 GB、BIG5 及英文关键词检索。

另外，还可以使用国内知名的搜索引擎，如百度、新浪、网易、雅虎中文等来查找网络商务信息。

2.2.1.2 利用网上商业资源站点查找商务信息

互联网上有大量的商业资源站点，集中了大量的商务信息，而且绝大部分是供用户免费使用的。其中与网络市场调研有关的资源站点有很多，如商业门户网站、专业资源网站、专业调研网站、传统商业媒体转型网站、电子商务网站、工商企业网站等，市场调研人员通过它们可获得很多有价值的商务信息。

（1）利用商业门户网站收集商务信息。商业门户网站指那些拥有门类齐全的公司/产品数据库信息的互联网内容服务商。它们自身都拥有功能完善的搜索引擎，供用户通过各种途径查找产品、供求、服务等市场信息。

如阿里巴巴，它是B to B服务提供商，为买卖双方提供增值服务。它提供的服务首先是基于买家的需求，买家只需说明感兴趣的产品类目，一旦供应商有相应信息上网，系统自动以电子邮件通知买家上网查看。其强大的搜索引擎分三大类：产品搜索、供应商搜索和全球搜索。

（2）利用专业调研网站收集商务信息。如果已知专业调研网站和相关调研频道的资源分布，则可免费查阅各个行业、各种产品已完成的市场调研报告，了解专业调研机构的市场研究方法和服务项目，参与在线调研，学习和了解有关调研项目和问卷的设计思路，免费获得在线调研表设计支持等。

例如完全市场调研手册就是一个关于市场研究的非营利性专业调研站点，可免费搜索已完成的各种市场研究报告、市场研究公司黄页，还有市场研究论坛、市场研究的技术和方法、业内动态、问题咨询等栏目，并可随时参与各种在线调研。

（3）利用相关网站收集商务信息。除了前面介绍的商业门户网站和专业调研网站外，网络服务信息的收集还可利用一些政府机关网站，如国家和地方统计局、国家商务部网站、中国企业信息化网，消费资讯网站和网上黄页等来完成。

2.2.1.3 利用网络数据库查找商务信息

数据和资源共享这两种方式结合在一起即成为今天广泛使用的网络数据库（Web数据库），它是以后台（远程）数据库为基础，加上一定的前台（本地计算机）程序，通过浏览器完成数据存储、查询等操作的系统。利用网络数据库能查找到相对更加客观可靠的数据资料，但是这类数据库大部分是要付费的。

例如，由万方数据联合国内近百家信息机构共同开发的万方商务信息数据库，它的《中国企业、公司及产品数据库》始建于1988年，现已收录96个行业的近20万家企业详尽信息，是国内外工商界了解中国市场的一条捷径。国际著名的美国DIALOG联机系统（世界上最大的国际联机情报检索系统）更将中国企业、公司及产品数据库（CECDB）定为中国首选的经济信息数据库，并将其收进系统向全球数百万用户提供联机检索服务。

2.2.2 竞争对手信息的收集方法

商场如战场。在激烈的市场竞争中，任何企业只有充分掌握竞争对手的各种信息，才能做到“知己知彼，百战不殆”。在互联网上收集竞争者信息的途径主要有：

（1）访问竞争者网站，注意竞争者网站中有哪些工作值得借鉴，有什么疏漏或错误需要避免，类似的市场调研竞争者是否做过等。一般来说，领导型企业由于竞争需要都设立网站。我国一些大型企业也纷纷设立网站，如联想、海尔等，这正是市场挑战者及追随者获取竞争者信息的最佳途径。

（2）收集竞争者网上发布的各种信息，如公司信息、最新动态、财务状况、产品信息、促销信息等。

（3）从其他网上媒体摘取的竞争者信息，通过网上电子版报纸，如人民日报、光明日报等，电视台网上站点，如中央电视台，网络电视和手机电视等方式收集竞争者的各种信息。

(4) 从有关新闻组和BBS中获取竞争者信息，如微软为提防Linux对其操作系统Windows的挑战，就经常访问有关Linux的BBS和新闻站点，以获得最新资料。

(5) 利用其他各种方式收集竞争者信息，如利用搜索引擎，设定与自己产品相同或相似的关键词来寻找竞争对手及其相关各种信息。

2.2.3 网络市场行情信息的收集方法

所谓市场行情信息，主要指产品价格变动、供求变化等信息。互联网上有众多的关于不同地区和不同行业的综合信息服务站点，企业网络营销调研人员在确定了具体的调研范围、调研对象之后，可选择相应的站点查询市场行情信息。

目前，互联网上有许多站点提供这些消息，如各商业门户网站、商贸搜索引擎网站等。另外，还有一些专业信息网站，如中公网证券信息港、惠聪计算机商情网、中国市场商情信息网等。收集信息时，调研人员可通过搜索引擎首先找出有关的各商情网址，然后访问各站点，寻找所需的市场行情信息。

2.2.4 消费者信息的收集方法

消费者的信息是联系消费者与营销人员的重要沟通纽带，掌握消费者信息，也是关系到营销工作的关键一步。市场上很多营销人员通过各种途径收集消费者信息，通过消费者的信息与消费者取得联系，了解消费者的消费动机，有针对性地开展营销工作。

通过互联网了解消费者的偏好，主要采用网上直接调研法。在互联网上，调研人员可向私人网站或公众站点发出询问请求，不定时地查看企业的电子邮件信箱，及时收集来自各方面的反馈信息。

通过互联网了解消费者的偏好，首先要识别消费者的个人特征，如地址、年龄、Email、职业等，这部分内容在网络市场调研策略中已有详述。在调研过程中，为避免信息重复统计，对已统计过的访问者可在计算机上放置一个Cookie，它会记下访问者的编号和个性特征，这样既可使消费者下次接受调研时不必填写重复信息，又避免出现重复调研。

2.2.5 网络市场环境信息的收集方法

企业在做市场调研时，除了收集产品、竞争者和消费者这些紧密关联的信息，还必须了解当地的政治、法律、人文、地理环境等信息，这有利于企业从全局高度综合考虑市场变化，寻求市场商机。在互联网上，政治信息可到一些政府网站或ICP站点查找；法律、人文和地理环境等信息属于知识性的信息，可直接去图书馆查阅，或查阅图书馆站点上的电子资源，或者直接通过搜索引擎在网上查找。

2.3 网络市场调研的程序

在市场调研的整个过程中，收集市场信息资料是工作量最大、耗时最长的程序，借助于互联网，这个过程可以大为缩短。

2.3.1 明确调研问题与调研目标

为了有效地进行网络市场调研，首先要明确调研什么问题，调研的目标是什么，哪些人有可能在网上查询你的产品或服务，哪些客户最有可能购买你的产品或服务，在你这个行业中有哪些企业已经上网，它们在干什么，客户对竞争者的印象如何，公司在日常运作中可能会受哪些法律法规的约束，怎样规避等。只有这样，才可能做到有的放矢，提高工作效率。

2.3.2 确定市场调研对象

网络市场调研的对象，根据其与企业的关系主要分为企业产品的消费者、企业的竞争者、企业合作者和行业内的中立者三大类。

（1）企业产品的消费者。消费者在网上购物必然要访问企业的站点，通过企业首页所提供的分类目录或搜索引擎等工具，浏览商品的说明、功能、价格、付款方式、送货与退货条件、售后服务等方面的信息。企业市场营销调研人员可通过互联网络跟踪消费者，了解他们对企业产品的意见和建议。

（2）企业的竞争者。现有企业之间的竞争、新竞争者的加入与替代品的出现形成了主要行业的竞争力，它们之间相互影响、相互制约。通过对行业竞争力的分析可以了解本企业在行业中所处的地位、所具有的竞争优势与不足，以便其制定战胜各种竞争力量的对策。

（3）企业合作者和行业内的中立者。市场营销人员还应时常关注企业合作者和行业内中立者的网站，有时这些企业可能会提供一些极有价值的信息和评估分析报告。

市场营销人员在市场调研过程中，应兼顾到上述三类对象，但也必须有所侧重。特别在市场激烈竞争的今天，对竞争者的调研显得格外重要，竞争者的一举一动都应引起营销人员的高度重视。

2.3.3 制订调研计划

（1）资料来源。市场调研首先需确定是收集一手资料（原始资料）还是二手资料，或者二者都要。在互联网上，利用搜索引擎、网络营销和网络市场调研网站可以方便地收集到各种资料。

（2）调研方法。网络市场调研可以采用问卷调研法、专题讨论法和实验法。问卷调研法可以使用 Email 发送、网站上刊登等多种形式；专题讨论法可以借助网络新闻组、邮件列表讨论组和电子公告牌的形式进行；实验法是选择多个可比的主题作为不同的实验方案，通过控制外部变量，检查所观察到的差异是否具有统计上的显著性。

（3）调研手段。网络市场调研可以通过在线问卷和软件系统两种方式进行。在线问卷操作简单，分发迅速，回收也很方便，但需遵循一定的原则。软件系统有两种：一种采用交互式电脑访谈系统；另一种采用网络调研软件系统。前者利用一种软件程序，使用电脑辅助电话访谈系统设计问卷并在网上传输，服务器直接连接数据库，收集到的被访者答案直接存储；后者是专门为网络调研设计的问卷衔接及传输软件，包括整体问卷设计、网络服务器、数据库和数据传输程序等。较典型的用法是：问卷由简易的可视问卷编辑器产生，自动传送到互联网服务器上，通过网站，使用者可以随时在计算机上对问卷进行作答，回答完毕后由计算机进行整体统计或完成图表统计。

（4）抽样方案。即确定抽样单位、样本规模和抽样程序。抽样单位是抽样的目标总体；样本规模的大小涉及调研结果的可靠性，样本需足够多，必须包括目标总体范围内所发现的各种类型样本；在抽样程序选择上，为了得到有代表性的样本，应采用概率抽样的方法，这样可以计算出抽样误差的置信度，当概率抽样的成本过高或者时间过长时，可以用概率抽样方法替代。

（5）联系方式。除了要在调研计划中明确调研的目标与方式以外，还需要明确如何与调研对象取得联系，一般在互联网上的联系方式主要有电话、Email、即时通讯、BBS 等。选择合适的联系方式是取得被访问对象信任的重要方面之一。

2.3.4 收集信息

利用互联网做市场调研其资料来源很广，不管是一手资料还是二手资料，都可同时在全国或者全球进行；收集的方法也很简单，直接在网上递交或者下载即可。这与受区域制约的传统调研方式有很大的不同。我们可以利用在前面介绍的网络商务信息、竞争对手信息、网络市场行情信息、消费者信息、网络市场环境信息等的收集方法来分析整个市场的动态，以支持我们的营销决策。

2.3.5 分析信息

在信息收集结束后，下一步工作就是信息分析。信息分析的能力相当重要，因为很多竞争者都可以从一些知名的商业站点获得同样的信息。调研人员如果从收集的数据中提炼出与调研目标相关的信息，并在此基础上对有价值的信息迅速作出反应，这是把握商机战胜竞争对手、取得经营成果的一个重要制胜法宝。利用互联网，企业在获取商情、处理商务的速度方面是传统企业无法比拟的。

2.3.6 提交报告

调研报告的填写是整个调研活动的最后一个关键阶段。报告不是数据和资料的简单堆砌，调研人员不能把大量的数字和复杂的统计技术扔到管理人员面前，而应把与营销的关键决策有关的主要调研结果写出来，并以调研报告正规格式书写。

2.4 网络调研存在的问题与思考

2.4.1 网络调研中存在的若干问题

（1）网络调研中的误差问题。抽样框误差包括丢失总体单位、复合连接题、抽样框陈旧等问题。如丢失总体单位的问题，因为目标总体的某位成员没能与抽样框相连接，无法从样本或抽样框中发现它们，对丢失的总体元素不能发现并改正，会造成调研中的估计偏差，这可能是抽样框误差中最严重的问题。这个问题在网络调研中尤为突出，究其原因，主要是目前互联网的普及程度低所造成的。这一情况在我国更为严重，我国不发达地区，特别是偏远的农村地区的互联网普及程度相当低，这就使得这样的误差会更容易出现。那么，目前较为普遍采取的方式是网络识别并辅之以特征识别。

（2）网络调研中的安全性问题。目前计算机网络系统安全在技术上包括访问控制、防火墙、审计、防病毒、加密和入侵检测系统等。调研网站要防止黑客的恶意攻击、破坏调研和干扰结果，就必须采取一定的安全防范措施，从中识别出是否有非法行为正在进行的网络攻击，并记录黑客事件。这样通过层层保护，才能使调研网站安全地进行统计调研。

（3）网络调研中的规范性问题。在网络调研中，调研者与被调研者之间的关系依托于网络系统，双方在整个调研活动中应有什么样的权利和义务，如何保证双方在调研中处于平等地位等，这些在目前网络调研中还是十分混乱和模糊的。这便需要从一些方面来规范网络调研，其中重要的是调研方法的合法性，在采用某种调研方法时应在事先告之，禁止采用非许可的方式发送电子邮件，突袭聊天网民等，因为这样极容易造成网民的心理反感，使"拒答率"升高，这对网络调研的效果有至关重要的影响。此外，在调研中涉及一些隐私问题及一些不宜公开或泄露的问题，调研者必须承诺对这些资料进行保密。调研者在被调研者发回或填写有效问卷后，承诺的一些奖励也必须兑现，从而使双方均可以在承担义务的同时享受权利。

（4）网络调研信息服务的问题。调研部门利用网站进行网络调研获得的调研信息，应遵循何种原则对外公布，并对其所公布的信息真伪或质量的好坏负有怎样的责任，还有对其所公布信息的所有权、使用权、解释权的归属问题，仍是比较模糊的。就目前情况而言，调研部门的调研信息一部分是无偿对外公布的，特别是对社会、政治经济的热点问题，由于网民感兴趣，态度也比较合作，调研部门在这一方面投入相对较少，大都采取无偿公布的方式。但一些专业研究机构进行专业性很强的调研时，其调研获得的信息一般只对该机构公布，对外界进行限制或保密。至于在调研网站之间进行调研信息的交换与合作，两者之间的数据资源共享等，在目前的调研网站中涉及的较少，这些问题都有待于在将来的实际应用中加以解决。

2.4.2 对未来网络调研的设想

（1）未来的网络调研将是多种调研方法相结合。如果把网络调研称为"虚拟"调研，而把传统的调研称为“现实”调研，那么将来的网络调研将是现实与虚拟相结合，以传统调研为基础来确定抽样单位，通过网络调研来获取调研信息以及调研信息的处理。只有这样，才能更大地发挥网络调研的作用，才能够取得更加真实可靠的调研结果。例如，中国互联网信息中心（CNNIC）发布的中国互联网络发展状况统计调研报告，其采用的调研方法便是电话调研、面访调研和网上联机调研等网上网下相结合的方式，通过网上网下相结合，增大调研的范围，使样本更具有代表性。同时，在分析不同用户的特点之后针对性地采取不同的调研方式，力求客观全面，这应该是未来网络调研发展的一个方向。

(2) 未来网络调研人员应该是综合型人才。网络调研系统的建立是一项复杂的工作，其中包括建立比较完善的调研对象的网址清单系统，对采集的信息进行整理并与统计分析系统相连接，以及对抽样结果的反馈系统等。这些工作的完成便要求网络调研人员应该具备掌握统计调研的理论与方法，掌握计算机理论，擅长网络技术的应用，能够对数据库及网络系统进行较好地管理，熟悉与调研相关的政治、经济、社会等知识。因此，网络调研要获得长足的发展，便需要对调研人员的文化知识、专业技能进行培养。

(3) 未来的网络调研应该成为政府的一种重要的调研方式。相对传统调研而言，网络调研有着无与比拟的优点，政府部门为了更好地把握经济发展状况，更加及时地了解企业，运用网络调研是非常必要的。例如，我国建立5 000家工业企业的联网直接报送制度，使国家在现代网络技术的帮助下可以直接从企业快速地收集反映经济运行动态的各种信息资料，及时了解企业发展以及经济发展中出现的新情况、新问题，为国家制定政策、进行宏观调控提供依据。

总之，虽然目前网络调研的应用范围还不太广泛，但这并不会掩盖网络调研在组织实施、信息采集、信息处理、调研时效、调研费用等方面的优势，也不能阻止网络调研的发展步伐。随着互联网的飞速发展，网络普及程度的不断提高，人们网络意识的继续加强，网络技术的进一步完善，我们相信，网络调研的应用必将越来越广泛，发挥的作用也将越来越明显，网络调研将有望成为未来统计调研的一种趋势和潮流。

本章小结

网络市场调研是基于互联网开展的信息收集、整理、分析和研究的活动，在本章中，对网络市场调研信息收集的方法进行了阐述，并通过对网络市场调研程序的学习，旨在让学生能够通过这一过程来制订一份相对完整的网络市场调研方案，认识到调研对一个企业的重要性。

思考题

1. 什么是网络市场调研？
2. 网络市场调研有哪些特点？
3. 网络市场调研策略包括哪几部分？简述各部分策略内容。

第3章 网络消费者分析与定位

【学习目标】了解网络消费者的总体特征，熟悉近年来网络消费者的概况；掌握网络消费者的购买动机、影响其行为的因素及网络消费者的购买行为；明确网络消费者的购买决策过程；掌握网络营销目标市场细分的概念、依据、作用、原则及策略；明确网络市场定位的内容、思路和角色选择。

【技能目标】结合消费者的特点进行网络营销；能分析消费者的购买动机及指导其购买行为；有一定的细分市场的能力；能根据消费者特征进行定位。

【工作任务】对某一具体网络市场进行消费者特征归纳和行为分析；对某网络市场进行细分，并分析其细分依据和适宜的策略；对某具体网络产品市场进行定位分析。

案例导入

大宝护肤品——工薪阶层的选择

大宝是北京三露厂生产的护肤品，在国内化妆品市场竞争激烈的情况下，大宝不仅没有被击垮，而且逐渐发展成为国产名牌。在日益增长的国内化妆品市场上，大宝选择了普通工薪阶层作为销售对象。既然是面向工薪阶层，销售的产品就一定要与他们的消费习惯相吻合。一般来说，工薪阶层的收入不高，很少选择价格较高的化妆品，而他们对产品的质量却很看重，并喜欢固定使用一种品牌的产品。因此，大宝在注重质量的同时，坚持按普通工薪阶层能接受的价格定价。其主要产品“大宝 SOD 蜜”市场零售价不超过 10 元。价格同市场上的同类化妆品相比占据了很大的优势，本身的质量也不错，再加上人们对国内品牌的信任，大宝很快争得了顾客。许多顾客不但自己使用，而且带动家庭其他成员使用大宝产品。大宝还了解到，使用大宝护肤品的消费者年龄在 35 岁以上者居多，这一类消费者群体性格成熟，接受一种产品后一般很少更换。这种群体向别人推荐时，又具有可信度，而化妆品的口碑好坏对销售起着重要作用。大宝正是靠着群众路线获得了市场。

资料来源：http：//jpkc. zjiet. edu. cn/sheng/2008/scyxych/kc/an_05. aSp。

案例简评

三露厂对市场进行了调研之后，根据对消费者的分析，将产品定位于适合工薪阶层和中老年消费者，并根据这一类消费群的心理需要和收入情况，在确保质量的前提下，制定了合理而低廉的价格。广告制作平易近人，与产品定位十分吻合，赢得了市场，取得了较大成功。

3.1 网络消费者的特征分析

消费者市场以及其购买行为永远是营销者关注的一个热点问题，对于网络营销者也是如此。网络用户是网络营销的主要个体消费者，也是推动网络营销发展的主要动力，他们的现状决定了今后网络营销的发展趋势和道路。我们要搞好网络市场营销工作，就必须对网络消费者的群体特征进行分析以便采取相应的对策。

3.1.1 网络消费者的总体特征

由于互联网商务的出现，消费观念、消费方式和消费者的地位正在发生着重要的变化，互联网发展促进了消费者主权地位的提高；网络营销系统巨大的信息处理能力，为消费者挑选商品提供了前所未有的选择空间，使消费者的购买行为更加理性化。网络消费需求主要有以下五个方面的特点：

（1）注重自我，彰显个性。由于目前网络用户多以大城市年轻用户为主，他们拥有不同于他人的思想和喜好，有自己独立的见解和想法，对自己的判断能力也比较自信，所以他们的具体要求越来越独特，而且变化多端，个性化越来越明显。因此，他们更倡导个性消费，这种个性化趋势主要表现在：一是追求方便快捷安全。在网络市场，要求厂商物流快捷，送货及时，订购方便，支付安全，更快、更安全往往是个性化追求的目标。二是注重品牌。传统的品牌优势在网络市场上并没有得到体现。网上优势品牌需要重新进行规划和投资，网络品牌包括互联网的域名、产品和服务。个性化的趋势表现在品牌上，易于记得、新奇的域名和产品服务往往能够激发起更多的消费者关注。三是追求新奇特的产品。由于电子商务中的消费者都有一定的文化知识和消费能力，所以追求新奇特的产品就成了必然。

（2）头脑冷静，擅长理性分析。网络用户是以大城市的年轻人为主，不会轻易受舆论左右，对各种产品宣传有较强的分析判断能力。另外，在网络环境条件下，消费者面对的是网络系统，是计算机屏幕，可以避免嘈杂的环境和各种影响与诱惑。商品选择的范围也不限地域和其他条件的约束，消费者可以理性地规范自己的消费行为。理性的消费行为主要表现在：

第一，大范围地选择比较。对个体消费者来说，购买往往会“货比多家”精心挑选，那种因信息来源和地理环境所限，不得已而为之的“屈尊”购物现象将不复存在。网络营销系统巨大的信息处理能力，为消费者挑选商品提供了前所未有的选择空间，消费者会利用在网上得到的信息对商品进行反复比较，以决定是否购买。对单位采购人员来说，其进货渠道和视野也不会再局限于少数几个定时定点的定货会议或几个固定的供货厂家，而是会大范围地选择质量好、价格合理、信用条件最佳的厂家和产品。

第二，理智的价格选择。对个体消费者来说，不再会被那些先是高位出价，然后再是没完没了的讨价还价的价格游戏弄得晕头转向，他们会利用手头的计算机快速算出商品的实际价格，然后再作横向的综合比较，以决定是否购买。对单位采购人员来说，他们会利用预先设计好的计算程序，迅速地比较进货价格、运输费用、优惠折扣、时间效率等综合指标，最终选择最有利的进货渠道和途径。也就是说，在网络环境条件下，人们必然会更充分地利用各种定量化的分析模型，更理智地进行购买决策，因为网上购物者一般都是知识型的购买者。

第三，关注网络的可靠性和安全性。消费者对消费的风险感随着选择的增多而上升。在一些大件耐用品以及高技术含量产品的购买上，消费者往往会主动通过各种可能的渠道获取与商品有关的信息并进行分析和比较，并且分析其可靠性和安全性。或许这种分析、比较不是很充分和合理，但消费者能从中得到心理的平衡，减轻风险感或减少购买后产生的后悔感，增加对产品的信任程度和心理上的满足感。

（3）注重互动，信息交流从单向到互动。在社会化分工日益细化和专业化的趋势下，网络环境下信息的沟通模式既有一对一的模式，又有多对多的模式，信息沟通的过程是动态的。不论是消费者或企业，既是信息发布者也是信息接收者。消费者不再会用被动的方式去接受厂家或商家提供的商品或服务，而是根据自己的需要主动上网去寻找适合的产品。如果找不到，消费者则会通过网络系统向厂家或商家主动表达自己对某种产品的欲望和要求，直接与企业进行信息互动，实现在线交流。

（4）追求消费过程的方便和享受。现在的网络用户以年轻人为主，他们追求时尚，品位较高。消费者在购买商品的同时，还追求消费过程的方便和享受，并希望得到在各种传统商店没有的乐趣。因此，现在的网络消费，越来越简单化和人性化。从购物网站的页面设计到可供选择的商品类别，从商品信息的性能介绍到商品价格的多方比较，从在线支付的方便快捷到送货上门的贴心服务，无一不显示出购物网站营销人员的精心策划。消费者在这样一种轻松愉悦的购物环境中，得到的不仅仅是物质上的满足，更追求的是一种精神上的享受。

（5）具有超前性和可诱导性需求。现在的网络用户爱好广泛，无论是对新闻、股票市场还是网上娱乐都具有浓厚的兴趣，对未知的领域报以永不疲倦的好奇心，他们追求新奇和超前的东西，所以其网络消费具有超前性和可诱导性。

3.1.2 近年来网络消费者的概况

下面结合互联网消费调研中心（ZDC）的研究报告，从性别、年龄、收入、教育背景等方面具体分析。

（1）网络消费者的性别特征。互联网消费调研中心报告显示，截至2009年6月男性网络消费者占85.4%，女性网络消费者占14.6%，如图3-1所示。男性依然占据网络消费者主体。

（2）网络消费者的年龄结构。参与网购比例最大的人群是31~35岁人群，比例最低的两类人群是18岁以下和40岁以上的人群。这是因为18岁以下的人群一方面对网络的知识和经验不及网购的主流人群，另一方面其经济条件、判断力和周围环境也对其有所制约。而40岁以上的人群对于网购的风险评估略大，对网络的知识和经验也同样不及年轻人。

互联网消费调研中心报告显示，截至2009年6月，18~35岁人群为网购人群的主体，这部分网络消费者中，有98.2%都曾经参与过网购。其中25~30岁人群占33.8%，18~24岁人群占30.0%，31~35岁人群占26.9%，如图3-2所示。

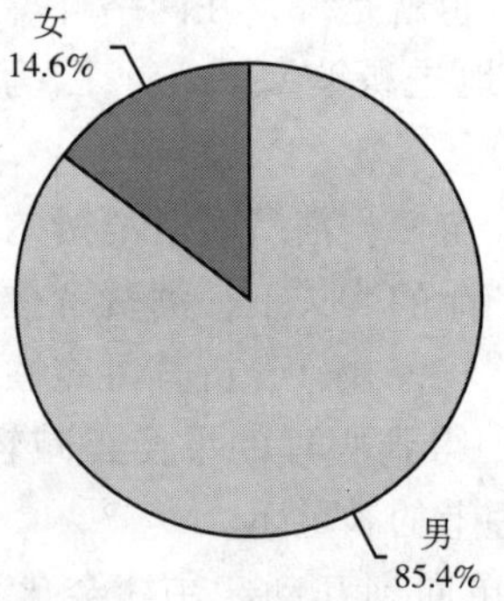

图 3－1　参与网购网民性别分布

资料来源：ZDC，2009 年 6 月。

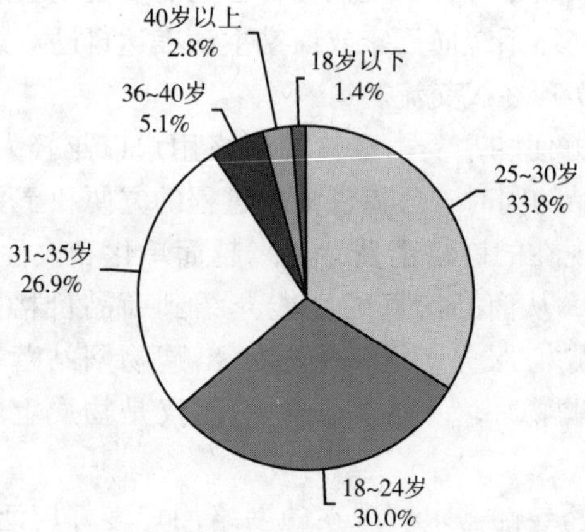

图 3－2　参与网购网民年龄分布

资料来源：ZDC，2009 年 6 月。

（3）网络消费者的收入水平。收入在 1 500 ~ 5 000 元之间的中层收入群体是网络购物消费的主力，而高收入群体的网络购物比例则相对较低。

互联网消费调研中心报告显示，截至 2009 年 6 月，收入在 1 501 ~3 000 元、3 001 ~5 000 元价格区间的比例持平，均为 31.7%，累计比例为 63.4%；其次为收入在 1 500 元以下的，比例为 28.8%；5 001 ~7 000 元中高收入者所占比例为 4.7%；7 000 元以上高收入者比例累计为 3.1%，如图 3－3 所示。

（4）网络消费者的教育背景。互联网消费调研中心报告显示，截至 2009 年 6 月，网购网络消费者的文化结构主体为高中、中专、职高，大专和大学本科群体。三者一共占了九成以上的比例，如图 3－4 所示。

（5）网络消费者上网地点分布。随着中国网络事业的发展，人们生活水平的提升，家庭电脑的拥有量与网络群体的数量和比例在不断增加和扩大，周末和节假日在家里上网、购物，已经渐渐成为年轻、时尚群体流行生活方式的一部分。

互联网消费调研中心报告显示，截至 2009 年 6 月，选择在家里上网、进行网络购物的 IT 网络消费者占据了绝大多数的比例，为 85.0%。另外，选择在公司的比例为 8.2%，网吧

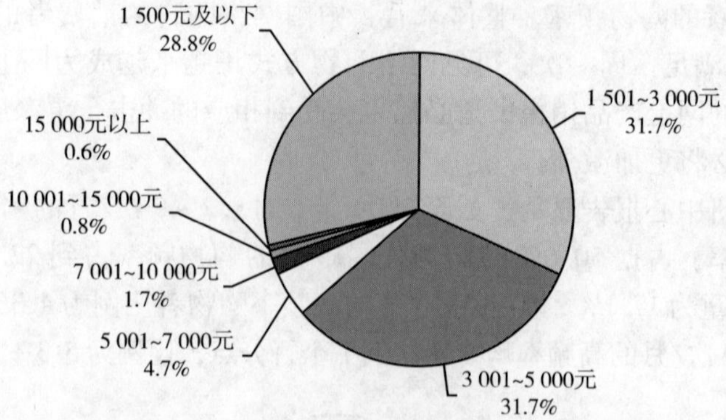

图 3-3 中国 IT 网民月收入情况分布

资料来源：ZDC，2009 年 6 月。

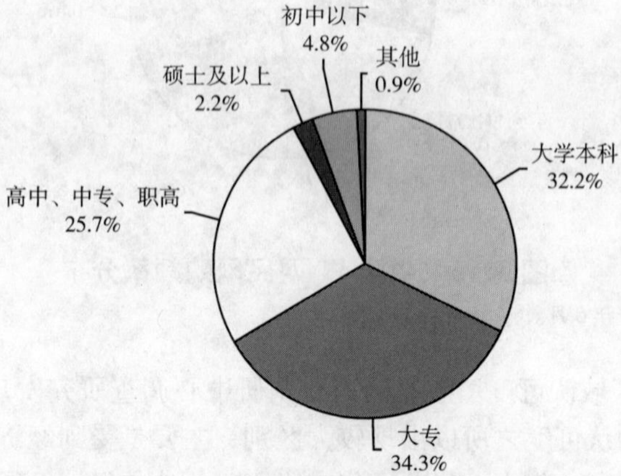

图 3-4 参与网购网民教育背景分布

资料来源：ZDC，2009 年 6 月。

的为6.0%，而选择其他地点的比例为0.6%，在机场、咖啡厅等公共场所的更少，仅占0.1%，如图3-5所示。

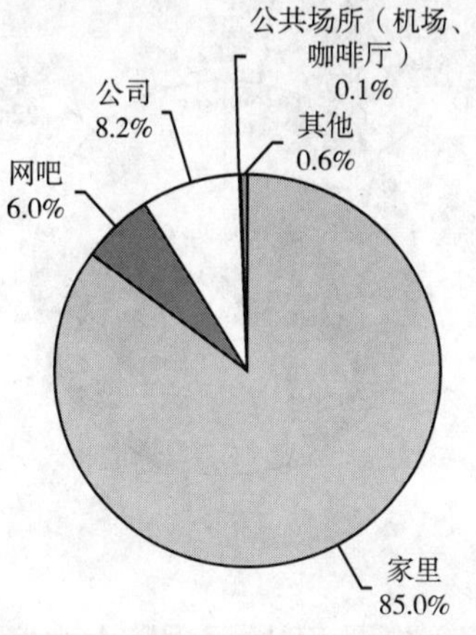

图 3-5 中国 IT 网民上网地点分布

资料来源：ZDC，2009 年 6 月。

（6）网络消费者的购物频率。整体来看，中国网络购物的消费者的平均网络购物频率保持在4.8次/月，满足一周一次，可见网络购物方式正越来越成为网上产品一个非常重要的销售渠道，传统的网上产品销售渠道必然也会受到相应的冲击，更深层次看，这折射出网上产品市场的竞争必将更加激烈。

互联网消费调研中心报告显示，截至2009年6月，2～5次/月的购物频率为IT网络消费者的主流购物频率，占据50.6%的比例；1次/月的购物频率占到22.7%的比例；不到1次/月的购物频率比重为17.1%；6～10次/月的高频率购物者比例为4.3%；超过10次/月的超高频率超出6～10次/月的高频率购物者比例1个百分点，比例为5.3%，如图3－6所示。

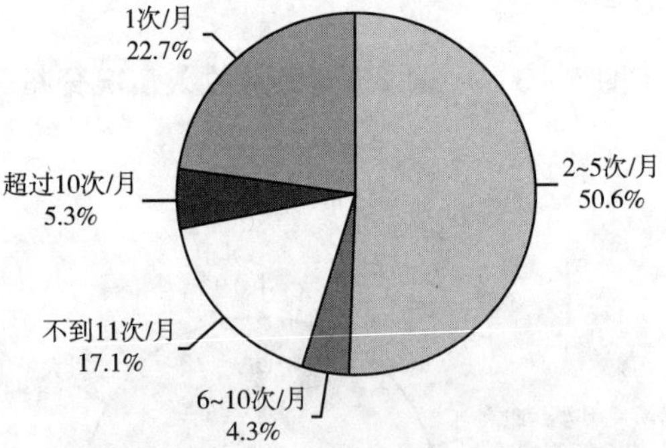

图3－6　中国IT网民网购频率分布

资料来源：ZDC，2009年6月。

（7）网络购物的区域认可度。互联网消费调研中心调查研究发现，不同区域IT网络消费者对网络购物方式的认可度之所以出现较大区别，主要是受到经济发展水平的制约。中国的区域经济发展极不平衡，华中、华北、华东、华南等地的经济发展水平较高，人们收入水平也相对较高。另外网络购物方式兴起于南方，自然其传播速度在南方和经济发展较好的地方相对快一些、认可度相对高一些，而相对偏远、经济发展水平和收入水平较低的西南、西北区域认可度则相对较低，如图3－7所示。

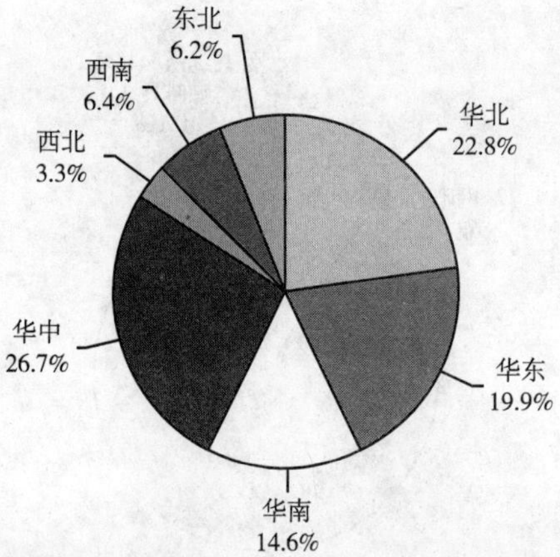

图3－7　中国IT网民网购七大区域分布

资料来源：ZDC，2009年6月。

3.2 网络消费者的购买行为

消费者购买行为是经济学研究的重要内容，这方面的研究过去主要集中于传统的购物行为，而网上购物与传统的购物活动则有所区别。因此，商家要借助于网络强大的信息存储优势和广阔的传播优势，扩大网络营销的份额，就必须要了解消费者的购买动机及影响消费者购买行为的因素，对消费者的购买行为进行分析。

3.2.1 网络消费者的购买动机

所谓动机，是指推动人们进行活动的内部原动力，即激励人们行为的原因。人们的消费需求都是由购买动机而引起的。网络消费者的购买动机，是指在网络购买活动中，能使网络消费者产生购买行为的某些内在的动力。只有了解消费者的购买动机，才能预测消费者的购买行为，以便采取相应的营销措施。由于网络营销是一种不见面的营销行为，消费者的购买行为不能直接观察到，因此对网络消费者购买动机的研究，就显得尤为重要。

网络消费者的购买动机基本上可以分为两类：需求动机和心理动机。前者是指人们由于各种需求而引起的购买动机；而后者则是由于人们的认识、感情、意志等心理过程而引起的购买动机。

（1）需求动机。网络技术的发展，使现在的市场变成了网络虚拟市场，但虚拟社会与现实社会毕竟有很大的差别，所以在虚拟社会中人们希望满足以下三个方面的基本需要：一是网民对网络活动抱有极大的兴趣，这种探索秘密的好奇心理驱使自己沿着网络提供的线索不断地向下查询，希望找到自己预想的结果；二是虚拟社会提供了人们聚集的机会，这种聚集不受时间和空间的限制，并形成富有意义的个人关系；三是聚集起来的网民自然产生一种交流的需求，随着交流的增加，带动对某些产品和服务有相同兴趣的成员聚集在一起，形成商品信息交易市场。这样更多的人产生了这种网络消费需求。

（2）心理动机。网络消费者购买行为的心理动机主要体现在理智动机、感情动机和惠顾动机三个方面。

第一，理智动机。理智动机具有客观性、周密性和控制性的特点。这种购买动机是消费者在反复比较各在线商场的商品后才产生的。因此，这种购买动机比较理智、客观而很少受外界气氛的影响。这种购买动机的产生主要作用于耐用消费品或价值较高的高档商品的购买。

第二，感情动机。感情动机是由人们的情绪和感情所引起的购买动机。这种动机可分为两种类型：一是由于人们喜欢、满意、快乐、好奇而引起的购买动机，它具有冲动性、不稳定性的特点；二是由于人们的道德感、美感、群体感而引起的购买动机，它具有稳定性和深刻性的特点。这种购买动机的产生主要作用于刚刚推出的新产品或馈赠礼品的购买。

第三，惠顾动机。惠顾动机是建立在理智经验和感情之上，对特定的网站、国际广告、商品产生特殊的信任与偏好，而重复、习惯性地前往访问并购买的一种动机。由惠顾动机产生的购买行为，一般是网络消费者在作出购买决策时心目中已首先确定了购买目标，并在购买时克服和排除其他同类产品的吸引和干扰，按原计划确定的购买目标实施购买行动。具有惠顾动机的网络消费者，往往是某一站点忠实的浏览者。

3.2.2 影响网络消费者购买行为的因素

网络消费者的购买行为受到多种因素的影响，在制定网络营销策略时，主要应该考虑如何满足各个消费群体的需要，一般包括以下几个方面：

（1）商品的价格。按销售学的观点，影响消费者消费心理及消费行为的主要因素是价格，即使在今天完备的营销体系和发达的营销技术面前，价格的作用仍是不可忽视的。只要价格降幅超过消费者的心理界限，消费者因此心动而改变既定的消费原则也是在所难免的。对一般商品来说，价格与需求量常常表现为反比关系，同样的商品价格，价格越低，销售量越大。目前在网上营销的商品多是计算机软硬件、书籍杂志、娱乐产品等，这些商品的价格一般都不太高，加上网上直接销售减少了许多中间环节，特别是搜寻成本的大大降低，使得网上销售的商品价格低于传统流通渠道的商品价格，因此对消费者产生了越来越大的吸引力。

（2）购物的时间。这里所说的购物时间包含两方面的内容，即购物时间的限制和购物时间的节约。传统的商店，每天只能营业十几个小时，网上商店的全天候营业，使消费者可以在任何时间上网购物，没有任何时间的限制。

人们可以坐在家中与厂商沟通，及时得到邮寄的商品或获得上门服务，节省了购物时间。网上购物顺应了现代社会生活的快节奏，理所当然地成为人们上网购买的动机之一。

（3）购买的商品。就目前的网上商品情况来看，比较时尚、流行的商品，以及价格上占绝对优势的商品容易在网上销售。例如消费电子类产品（包括功能多样价格便宜的数码产品、手机、DIY 硬件和电脑外设等）、生活用品（书刊、音像、时尚礼品等）、服装饰品（衣服、鞋帽、围巾、包及各类小饰品等）等。而对于一些价格昂贵的耐用消费品就比较难以实现在线销售，如很少有家电产品能够真正实现网络购物。如图 3－8 所示，截至 2009 年 6 月，“消费电子”类商品的比例高居关注度的第一位，“生活用品”占 22.1%，位居第二，“个人衣物”以 11.7% 的关注度排名第三。

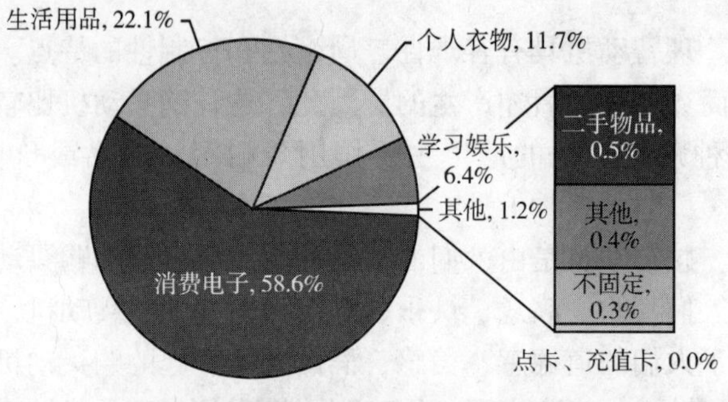

图 3－8　2009 年上半年 IT 网民网购产品关注分布

资料来源：ZDC，2009 年 6 月。

（4）商品的选择范围。在互联网这个全球化的市场中，商品挑选的余地大大扩展，而且，消费者可以从两个方面进行商品的挑选：第一，网络为消费者提供了多种检索途径，消费者可以通过网络，方便快速地搜寻全国乃至全世界相关的商品信息，挑选满意的厂商和产品，获得最佳的商品性能和价格。第二，消费者也可通过新闻组、电子公告牌等，告诉千万个厂商自己所需求的产品，吸引众多的厂商与自己联系，从中筛选符合自己要求的商品或服务。有这样大的选择余地，精明的消费者自然倾向于网上购物了。

（5）商品的新颖性。追求商品的时尚与新颖是许多消费者，尤其是青年消费者重要的购买动机。这类消费者一般经济条件较好，他们特别重视商品的款式、格调和流行趋势，而不太在意商品使用价值和价格的高低。他们是时髦服装、新潮家具和新式高档消费品的主要消费者。网上商店由于载体的特点，总是跟随最新的消费潮流，适时地为消费者提供最直接的购买渠道，加上最新产品的全方位网上广告，对这类消费者所产生的吸引力越来越大。同时，网上商店要营造一种良好的购物环境，以刺激消费者产生购买的欲望。

（6）其他因素。影响网络消费者在线消费的因素还有许多，例如网速快慢、支付方式、送货方式等。

3.2.3 网络消费者的购买行为分析

网络消费者的信息空间认知和任务活动可分为以下三种方式：

（1）浏览。消费者的网络浏览行为通常是一种非正式和机会性的活动，这种浏览行为表现为对网络信息没有特定的目的，随意性地浏览。用户在网络信息空间的活动就像随意翻阅一份报纸，能大概了解报纸信息包括哪些内容，但是是否会详细地阅读某一信息就依赖于该信息的版面位置、标题设计等因素了。消费者通过这类浏览活动完成任务的效率低，而且较大程度地依赖于外部的信息环境，但它能帮助消费者较好地了解关于整个信息空间结构的概貌。没有明确购买目标的消费者在登录企业的电子商务网站后通常采取网页商品信息浏览的行为。针对消费者网络浏览行为特征，企业的电子商务网站建设应该做到网站结构清晰、栏目设置合理，使消费者在浏览的过程中能随时到达他想浏览的网页，不至于出现“迷航”的现象同时，还应该利用“网站地图”等功能帮助消费者一目了然地找到自己想要浏览的网页，根据消费者的浏览记录为消费者提供与他所浏览的商品相关的其他商品的信息。

（2）搜索。它是消费者为了获得某方面特定的信息，在一定的领域内寻找自己所需要的信息的活动。搜索中收集到的信息都有助于达到发现需求信息的最终目的。搜索时用户要访问众多不同的信息源，搜索活动对分类与关键词的依赖性较高。

消费者已经把购买目的限定在某一类商品范围之内，但又不能确定到底是哪一种商品时，则会选择逐步定位的信息获取方式。那么企业电子商务网站的商品分类目录则能有效地帮助这一类消费者逐步缩小商品搜索的范围，并最终找到自己所需要的商品信息。企业在进行商品分类目录的设置时要充分考虑消费者网络检索习惯，把一些热门商品类目放在所有类目的前面，对于新商品可以单独设置类目。

（3）寻找。寻找是在大信息量信息集里寻找并定位于特定信息的过程。寻找的目的性较强，活动效率最高。例如用户要查找酒店预定方面的信息，他会直接定位于酒店预定信息进行搜索。面对丰富的网络信息以及商品信息，具有明确购买目标的消费者往往利用搜索引擎进行搜索，以达到迅速、准确地获得自己所需商品信息并对这些信息进行比较的目的。因此，企业电子商务网站应该为消费者提供强大的商品搜索功能，让消费者能够针对其购买需求利用已知的信息直接搜索到商品信息。

3.3 网络消费者的购买决策过程

网络购物是指用户为完成购物或与之有关的任务而在网上虚拟的购物环境中浏览、搜索相关商品信息，从而为购买决策提供所需的必要信息，并实施决策和购买的过程。这一过程比较复杂，不能简单视为买或不买，而应从酝酿购买开始，一直持续到购后的一段时间，可分为五个阶段，即诱发需求、收集信息、比较选择、购买决策、购后评价。

3.3.1 诱发需求

网络购买过程的起点是诱发并唤起需求。从理论上讲，消费者需求的激发有两个方面的原因：一方面是内在的，另一方面是外在的。

当消费者认为已有的商品不能满足需求时，就会产生购买新产品的欲望。这是消费者作出消费决定过程中所不可缺少的基本前提。对于网络营销来说，诱发需求的动因一般只局限于视觉和听觉。因而，网络营销对消费者的吸引是有一定难度的。

从事网络营销的企业或中介商应注意了解与自己产品有关的实际需求和潜在需求，从而巧妙地设计营销手段去吸引消费者，诱导他们的需求欲望。在选择产品展示的技术手段时要注意与企业网站建设实际情况相吻合，不能一味地追求最新的技术手段。比如，如果由于采用多媒体技术造成网页打开速度过慢，不但不能吸引消费者，还会使消费者在等待的过程中变得不耐烦，从而失去潜在消费者。商品的图片处理要做到精美、细致，能真实完美地实现商品的图片展示。对于商品的文字说明要尽可能地做到详细、客观，不能失实地夸大商品的功能，使消费者在购买商品之前对商品有超出商品实际情况的预期。

3.3.2 收集信息

当需求被唤起后，消费者就会收集相关的产品信息。消费者收集产品信息的渠道包括内部渠道和外部渠道。内部渠道是指消费者个人所储存、保留的市场信息，包括购买商品的实际经验、对市场的观察以及个人购买活动的记忆等。外部渠道包括个人渠道、商业渠道和公共渠道等。消费者首先在自己的记忆中搜寻可能与所需商品相关的知识经验，如果没有足够的信息用于决策，他便要到外部环境中去寻找与此相关的信息。

我国互联网上的基础应用包括搜索引擎、电子邮件和即时通讯。目前我国网络消费者使用搜索引擎的比例为72.4%，搜索引擎是网络消费者在浩如烟海的互联网信息海洋中查找所需信息的主要工具。网络消费者在使用搜索引擎检索时的行为特征表现为：（1）大多数网络消费者只查看搜索结果前几页甚至第一页的内容，只有极少数网络消费者会查看第三页以后的搜索结果；（2）当一个搜索引擎的搜索结果不理想时，用户会转换其他的搜索引擎进行搜索。美国知名网络广告公司 DoubleClick 通过对 2 000 名美国互联网用户的调查发现，在购买商品之前通过网站对商品进行研究时，有47%的用户是通过搜索引擎获得有关商品的网址的。因此，企业需要采取关键词竞价排名等相应的网络营销手段，让其电子商务网站在消费者常用的知名搜索引擎反馈结果排名靠前。另外，电子邮件也是网络消费者进行信息传递以及获取信息的主要方式之一。企业应该充分利用网站注册功能获得消费者的电子邮箱，了解消费者想要获得的商品信息，利用 Email 营销及时向消费者传递他们所需要的商品、服务、促销等营销信息。

3.3.3 比较选择

消费者对从网络上获得的信息不会采取全盘接收、全部吸取的态度，对于从各种渠道汇集来的商品信息，消费者会根据自己的经验进行分析、判断和取舍。一般而言，消费者倾向于相信专家提供的信息、其他消费者提供的信息或知名度高的网站提供的信息。因此，企业在进行网上商品信息发布的时候，除了对商品本身进行展示以外，还需要提供行业专家的意见和建议，或权威机构对产品质量的认定信息。同时，与传统市场一样，网络消费者通常认为其他消费者对商品的评价具有真实性和客观性，因此，其他消费者对商品的评价也会在很大程度上影响消费者的购买意愿。电子商务网站可以通过消费者对已购商品或已获得的服务进行评价的功能为消费者提供信息参考。消费者也很注重信息来源，对于在不知名的网站上发布的信息的可靠性和真实性往往持怀疑态度。因此，企业在发布企业信息、商品信息时应该选择采取各种营销手段，提高企业自身电子商务网站的网络知名度，建立良好的网络品牌形象。企业在发布企业信息、商品信息时，应该选择在网络消费者中具有较高知名度的门户网站或行业网站。

当前在网络消费者心目中购物网站的知名度格局是：淘宝以无可撼动的优势稳居第一，而腾讯拍拍、京东商城、易趣、当当、百度有啊、中关村商城、卓越·亚马逊以相近的比例位于第二集团，其他网站知名度较小，缺乏影响力，如图 3 –9 所示。

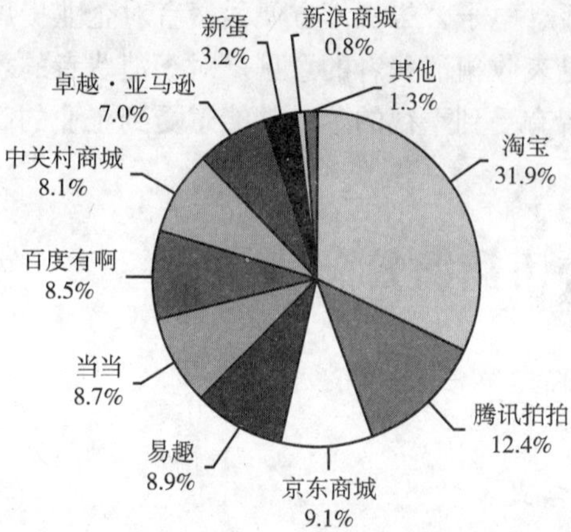

图 3 –9　中国 IT 网民对各网站符合三大知名购物网站的投票

资料来源：ZDC，2009 年 6 月。

由于网络购物不能直接接触实物，所以，网络营销商要对自己的商品进行充分的文字描述和图片描述，以吸引更多的顾客。但也不能对产品进行虚假的宣传，否则可能会永久地失去顾客。

3.3.4 购买决策

网络购买决策是指网络消费者在购买动机的支配下，从两件或两件以上的商品中选择一件满意商品的过程。网络消费者在完成对商品的比较选择之后，便进入到购买决策阶段。与传统的购买方式相比，网络购买者在购买决策时主要有以下三个方面的特点：一是网络购买者理智动机所占比重较大，而感情动机所占比重较小；二是网络购物受外界影响小；三是网络购物的决策行为与传统购买决策相比速度要快。

3.3.5 购后评价

消费者购买商品后，一般会通过对商品的使用来对自己的购买选择进行检验和反省，重新考虑这种购买是否正确、效果是否理想以及服务是否周到等问题。这种购后评价往往会影响消费者下一次的购买意愿。如果消费者在这一次网络购物过程中有什么不满意的地方，而又没有一个方便、快捷、有效的沟通渠道，那么消费者就会产生对企业的不满意，下一次不再购买这个企业的产品；但是如果消费者在这一次购物过程中虽然有不满意之处，却能及时地把问题向企业反馈，企业也能及时作出反应，并采取相应的补救措施，那么消费者会认为，即使在这个网络购物过程中可能会有风险存在，或者会有不愉快的事发生，但这种风险不需要自己来承担，企业最终会为他解决问题。也就是说，由于沟通的有效性能够使消费者最初的不满意到后来转化为满意，因此，为了提高客户满意度、培养忠诚客户、提高企业的竞争力，企业必须重视顾客意见，创造条件让消费者说出他们的不满，并加以改进。

互联网为网络营销者收集消费者购后评价提供了得天独厚的优势。企业可以通过在电子商务网站上设置顾客留言板、电子公告板等方便消费者对企业提出意见和建议，也可以利用电子邮件向消费者发送意见表收集消费者的意见。对于消费者的意见和建议企业应该及时地作出反馈和处理，让消费者有受到重视的感觉并能感受到企业的高效。

3.4 网络营销目标市场细分

3.4.1 网络市场细分的含义与依据

3.4.1.1 网络市场细分的含义

网络市场细分是指企业在调查研究的基础上，依据网络消费者的需求、购买动机与习惯爱好的差异性，把网络市场划分成不同类型的消费群体，每个消费群体就构成了企业的一个细分市场。这样，网络市场可以分成若干个细分市场，每个细分市场都是由需求和愿望大体相同的消费者组成。不同细分市场之间，则存在着明显的差异性。企业可以根据自身的条件，选择适当的细分市场为目标市场，并依此拟定本企业的最佳网络营销方案和策略。

与传统市场的消费者相比，网络市场的消费者上网更注重个性化的追求，寻找意外惊喜、廉价刺激、知识与娱乐、省时的服务，以及一些或许能提高自己生活水平的产品信息。但是他们都期望网络能成为自己的一片天地，提供量身订制的信息，并依照自己的需求意愿建立关系。

3.4.1.2 市场细分的依据

市场细分的基础是顾客需求的差异性，所以凡是使顾客需求产生差异的因素都可以作为市场细分的依据。由于各类市场的特点不同，因此各类市场细分的依据也有所不同。

（1）消费品市场的细分依据。消费品市场的细分依据可以概括为地理因素、人口统计因素、心理因素和行为因素四个方面。

第一，根据地理因素细分网上市场。按地理因素细分，就是按消费者所在的地理位置、地理环境等因素来细分市场。因为处在不同地理环境下的消费者，对于同一类产品往往会有不同的需要和偏好。例如，空调在炎热的南方各省有很大的需求，在温度较低的西北、东北地区销售不畅。再如，对自行车的选购，城市居民喜欢式样新颖的轻便车，而山区的居民注重坚固耐用的加重车等。因此对消费品市场进行地理细分是非常必要的。地理依据还可以进一步细分为地理位置、城镇大小、地形和气候等依据。

第二，根据人口统计因素细分网上市场。人口统计因素包括年龄、种族、性别、家庭人口数、家庭生命周期、收入、教育、宗教、国籍等。人口统计因素常与消费者的需求、偏好和使用频率有关，而且人口变数也比其他变数更容易测量，因此常用来细分市场。网上市场细分常用此因素，同时借由这个因素可以表达一些非人口统计因素。例如，不同年龄段的消费者，由于生理、性格、爱好、经济状况的不同，对消费品的需求往往存在很大的差异。因此，可按年龄将市场划分为各具特色的消费者群，如儿童市场、青年市场、中年市场、老年市场等。从事服装、食品、保健品、药品、健身器材、书刊等商品经营业务的企业，经常采用年龄变数来细分市场。很多奶粉厂家针对不同年龄段推出不同配方的奶粉以适应儿童市场、青年市场、中年市场和老年市场等的需要。耐克公司根据老年人的特点推出了适合老年人穿的运动鞋等。

第三，根据心理因素细分网上市场。消费者的心理状态直接影响他们的购买趋向和选择。特别是现在顾客购买商品已经不限于满足基本的生活需要，心理因素左右购买行为的力量更显突出。心理因素一般包括生活方式、购买动机、性格、态度等，以此细分网上市场，则可以得到不同子市场中的消费者具有不同的心理层面。例如，在美国好莱坞曾出现了一家出售饮用水的“水吧”。这家“水吧”所出售的饮用水是来自中国、独联体、法国、韩国等地的天然水 、清泉水、矿泉水、山谷水，有 70 多个品种，价格在 1 ~ 10 美元之间，这种清纯的大自然饮品很受消费者的欢迎。人们只知道去“酒吧”、“咖啡厅”、“茶座”，哪里想到还有“水吧”？这是人们在长时间享受太精细、太人工化的精品之后，出现的一种返璞归真的趋势。抓住消费者的心理，不就能取得成功吗？

心理因素依据可以用来进行细分市场，但它的用处是有限的。因为，一是它们难以进行衡量，二是它们和需求之间的关系常常不明显或模糊不清。

第四，根据行为因素细分网上市场。按行为因素细分，就是按照消费者购买或使用某种商品的时间、购买数量、购买频率、对品牌的忠诚度等变数来细分市场。很多营销人员相信，行为因素是构成市场细分的最佳途径。网站可以设立电子公告板、网络论坛或者提供网上对话功能，让网络消费者有双向交流的机会，从他们在交互过程中所留下的信息中，可以知道网友的许多想法、兴趣和偏好等。

（2）生产资料市场的细分依据。细分消费品市场的依据很多也适用于生产资料市场的细分。但由于生产资料市场有它自身的特点，所以还需要用一些其他的依据来细分生产资料市场，最常用的依据有最终用户要求、用户经营规模、地理位置等。

① 按最终用户要求细分。最终用户要求是细分生产资料市场最常用的依据。购买生产资料或是为了满足不同的生产需要或是为了再出售，因而不同的最终用户对同一种产品往往有不同的要求。如飞机制造公司比一般的汽车生产厂商对轮胎的质量要求要高得多；再如军工企业比一般自行车生产厂商对钢材质量的要求要高得多。因此，企业应根据不同用户的要求提供不同的产品，制定不同的营销组合策略，以满足用户的需求差异。

② 按用户经营规模细分。用户经营规模决定其购买能力的大小、购买数量的多少。按经营规模可以将生产资料市场划分为大用户、中用户和小用户。一般来说，大用户数量虽少，但购买力大，购买数量多；小用户数量虽多，但购买力小，购买数量并不大。许多时候，一个大客户的购买量往往是很多小客户之和的几倍甚至几十倍，失去一个大客户往往会给企业带来很大损失。因此，企业应按照用户经营规模制定相应的营销策略和接待方式。

③ 按地理位置细分。生产资料市场与消费品市场一样，可以按照地理位置进行细分，只是细分的内容不同。不同国家和地区由于自然条件、交通运输、通讯条件、气候条件、经济发展及历史传统等原因形成了不同的工业区域，如以山西为中心的煤炭工业区，东南沿海的加工工业区等。这就决定了生产资料市场往往比消费品市场在区域上更为集中，地理位置就成为细分生产资料市场的重要依据。企业按客户的地理位置细分市场，选择客户较为集中的地区作为目标市场可以节约营销资源，降低营销成本，取得最佳的营销效果。

企业应根据具体情况，把多种依据结合起来细分市场，也要考虑到依据和变数会因时间的推移而变化，因此，企业应根据市场调查适时调整细分依据和变数，制定最佳的营销策略。

3.4.2 网络市场细分的原则与作用

3.4.2.1 网络市场细分的原则

网络市场细分必然要遵循一定的原则，或者具备一定的条件，主要包括：

（1）实效性。实效性指网络目标市场的需求规模及获利性值得企业进行开发的程度。一个细分市场是否大到可以实现具有经济效益的营销目标，取决于这个市场的人数和购买力。在进行市场细分时，企业必须考虑细分市场上消费者的数量、购买能力和购买数量。一个细分市场应是适合设计一套独立营销计划的最小单位。

（2）可衡量性。可衡量性指表明消费特征的有关资料的存在或获取这些资料的难易程度。细分出来的市场不仅范围比较明晰，而且能大致判定该市场的大小。各有其容易认识的组成人员，共同的特征，表现出类似的行为，并且有可能取得表明购买特性的资料。比如，以地理因素、消费者的年龄和经济状况等因素进行市场细分时，这些消费者的特征就很容易衡量，资料获得也就比较容易，而以消费者心理因素和行为因素进行市场细分时，其特征就很难衡量，所以它是一种高级细分技术，需要在有关专家协助下才能完成好。

（3）反应率。反应率指不同的细分市场，对企业采用不同营销策略组合所具有的不同反应程度。如果网络市场细分后，市场对各种营销方案的反应都差不多，则细分市场就失去了意义。例如，如果所有细分市场按同一方式对价格变动作出反应，也就无须为每一个市场规定不同的价格策略。

（4）可接近性。可接近性指企业能有效地集中力量接近网络目标市场并有效地为之服务的程度。企业对所选中的网络目标市场，更能有效地集中营销能力，开展营销活动。一方面指企业能够通过一定的媒体把产品信息传递给细分市场的消费者；另一方面指产品经过一定的渠道能够到达该细分市场。对于企业难以接近的网络市场进行细分就毫无意义。

（5）稳定性。网络细分市场必须在一定时期内保持相对稳定，以便企业制定较长期的营销策略，有效地开拓并占领该目标市场，获取预期收益。若细分市场变化过快，网络目标市场犹如昙花一现，则企业经营风险也随之增加。同时，在实践中，除稳定性外，细分市场也并不是越细越好。因为如果细分过细，一是增加细分变数，给细分带来困难；二是影响规模效益；三是增大费用和成本。这时就应实施“反细分化”策略。它并不是反对市场细分，而是要减少细分市场的数目，亦即略去某些细分市场，或者把几个太小的细分市场集合在一起。推行“反细分化”策略，要有利于扩大产品的适销范围，降低成本和费用，增加销售，提高经济效益。

3.4.2.2 网络市场细分的作用

网络市场细分可以为企业认识网络市场、研究网络市场，从而选定网络目标市场提供依据。具体来说，网络市场细分有以下几个方面的作用：

（1）有利于分析网络市场，发现最有利的市场机会，开拓新市场。在网络市场细分的基础上，企业可以深入了解网络市场顾客的不同需求，并根据各子市场的潜在购买数量、竞争状况及本企业实力的综合分析，发掘新的市场机会，开拓新市场。日本的佳能公司通过市场细分，发现女性使用的照相机潜在需求很大，市场上销售的照相机还不能满足女性的需求，于是开发出“Snappy”（敏捷）照相机，找到一个最有利的营销对象。

（2）有利于集中使用企业资源，节省营销成本，取得最佳营销效果。企业通过网络市场细分，发掘网络市场机会，并根据主客观条件的分析选定网络目标市场。因此，将企业可以集中有限的资源使用在一个或几个细分的市场上，不必把营销资源分散使用在整个市场上，从而节省了营销成本，以使有限资源得到较充分地利用，取得最佳营销效果。

（3）有利于制订和调整营销方案，增强企业应变能力。在网络市场细分的基础上，比较容易认识和掌握各细分市场的需求变化和竞争态势，以及对营销措施的反应，从而相应地调整营销策略，制定最佳的营销战略。

（4）有利于中小企业开拓和占领市场。中小企业营销资源有限，在网络市场细分的基础上，可以找到对自己最有利的细分市场作为目标市场，特别是一些乡镇企业和私有企业，更要准确找好自己的目标市场，避免与大公司、大企业之间的正面竞争，利用它们的死角和不重视的细分市场来求得自己的生存和发展空间。例如，华龙面上市之初，根据自己是小品牌、缺乏竞争实力的特点，避开在大中城市与“康师傅”等大品牌、高档面正面冲突，把目标锁定在小城市和广大农村消费者身上，使它在创立之初能够顺利成长。

(5) 有利于企业分配营销预算。企业在网络市场细分的基础上，可以根据各个细分市场的需求潜量和竞争状况合理地分配营销预算。

3.4.3 网络目标市场营销策略

企业在确定了网络目标市场范围战略之后，应采取什么样的网络目标市场营销策略？一般有三种可供企业选择的网络目标市场营销策略，即无差异营销策略、差异营销策略和集中营销策略。

(1) 无差异营销策略。无差异营销策略，是指企业不考虑各子市场的特性，而将整个网络市场当作一个需求类似的网络目标市场，只推出一种产品并只使用一套营销组合方案。这种策略重视消费者需求的相同点，而忽视需求的差异性，将所有消费者需求看作是一样的，一般不进行网络市场细分。这种营销策略的优点是节省营销成本，有可能强化品牌形象；产品的品牌、规格、款式比较简单，有利于标准化生产和大规模生产，降低成本，提高利润率。其缺点是一方面引起激烈竞争，且易受其他竞争者伤害；另一方面易忽视小的细分市场的潜在需求。

(2) 差异营销策略。差异营销策略，是指企业在网络市场细分的基础上，选择两个或两个以上的细分市场作为网络目标市场，针对不同细分市场上消费者的需求，设计不同产品和实行不同的营销组合方案，以满足消费者需求。这种策略对于小批量、多品种生产企业适用，日用消费品中绝大部分商品均可采用这种策略选择网络目标市场。

在消费需求变化迅速，竞争激烈的当代，大多数企业都积极推行这种策略，其优点主要表现在：有利于满足不同消费者的需求；有利于企业开拓网络市场，扩大销售，提高市场占有率和经济效益；有利于提高市场应变能力。差异性营销在创造较高销售额的同时，也增大了营销成本、生产成本、管理成本和库存成本、产品改良成本及促销成本，使产品价格升高，失去竞争优势。因此，企业在采用此策略时，要权衡利弊，即权衡销售额扩大带来的利益大，还是增加的营销成本大，进行科学决策。

(3) 集中营销策略。集中营销策略亦称密集营销策略，是指企业集中力量于某一细分市场上，实行专业化生产和经营，以获取较高的市场占有率的一种策略。实施这种策略的企业要考虑的是，与其在整个市场拥有较低的市场占有率，不如在部分细分市场上拥有很高的市场占有率。这种策略主要适用于资源有限的小企业。因为小企业无力顾及整体市场，无力承担细分市场的费用，而在大企业的小市场上易于取得营销成功。

这种策略的优点是，企业可深入了解特定细分市场的需求，提供较佳服务，有利于提高企业的地位和信誉；实行专业化经营，有利于降低成本。只要网络目标市场选择恰当，集中营销策略常为企业建立坚强的立足点，获得更多的经济效益。但是，集中营销策略也存在不足之处，其缺点主要是企业将所有力量集中于某一细分市场，当市场消费者需求发生变化或者面临较强竞争对手时，企业的应变能力差，经营风险很大，使企业可能陷入经营困境，甚至倒闭。因此，使用这种策略时，选择网络目标市场要特别注意，以防全军覆没。

上述三种策略各有利弊，企业在选择时需要考虑以下因素：一是企业资源。如果企业资源雄厚，可以考虑实行差异营销策略；否则，最好实行无差异营销策略或集中营销策略。二是产品同质性。对于同质产品或需求上共性较大的产品，一般宜实行无差异营销策略；对于异质产品，则应实行差异营销策略或集中营销策略。三是市场同质性。同质市场，宜实行无差异营销策略；异质市场，宜实行差异营销策略或集中营销策略。四是产品生命周期阶段。处在介绍期或成长期的新产品，营销重点是启发和巩固消费者的偏好，最好实行无差异营销策略或针对一特定子市场实行集中营销策略；当产品进入成熟期时，市场竞争激烈，消费者需求日益多样化，可改用差异营销策略以开拓新市场，满足新需求，延长产品生命周期。

3.5 网络市场定位

网络市场定位，是要选定市场上竞争对手产品所处的位置，经过诸多方面的比较，结合本企业自身条件，为自己的产品创造一定的特色，塑造并树立一定的市场形象，以求目标顾客通过网络平台在心目中形成对自己产品的特殊偏爱。其实质就在于取得目标市场的竞争优势，确定产品在顾客心目中的适当位置并留下值得购买的印象，以便吸引更多的顾客。

3.5.1 网络市场定位的内容

当前网络市场定位的内容有网络产品定位、网站类型定位、网上品牌定位和服务半径定位等方面。

（1）网络产品定位。企业要想将网络营销开展得成功，首先必须进行网络市场定位，网络市场定位是企业对网络目标消费者或者网络目标消费市场的选择。选定网络目标市场后接下来要做的事便是对网络产品进行定位，也就是通过多种营销手段，为自己的产品在网络目标顾客心目中确定一个有利的位置。它意味着网络消费者在对本企业产品与竞争企业产品比较后心目中对本企业产品有一个清晰的位置，而这种位置有助于培养网络消费者的品牌忠诚度，这是取胜的关键，因为定位是否恰当关系到企业的产品打入目标市场后能否在目标市场上站稳脚跟。因此，它是企业抢占网络目标市场的一个重要技巧和手段。可见，网络产品定位是企业进行网络市场定位的关键。

进行网络产品定位时必须注意以下关键问题：

第一，产品或服务是否适合在网上进行营销。在经典的营销组合中，开发产品或服务是以顾客的需求为前提的。由于互联网本身是一个特殊的销售渠道，因此要找出适合的产品或服务进行营销。如何判断产品或服务是否适合在网上进行营销？其判断的标准：一是看产品或服务的消费者是否与互联网的用户特征一致；二是看产品或服务是否与计算机相关，如果相关，则销售情况会更好。一般来说，标准化、数字化、品质容易识别的产品或服务适合在网上进行营销。标准化的产品，如飞机票、图书等，则容易通过网上销售，而服装、化妆品等不易通过网上销售。

第二，分析网上竞争对手。网上的竞争对手往往与现实中的竞争对手一致，网络只是市场营销的一个新的战场。竞争对手的分析不可拘泥于网上，必须确定其在各个领域的策略、营销手法等。在网上，要访问竞争对手的网页，往往对手的最新动作包括市场活动会及时反映在其网页上，而且要注意本企业站点的建设，以吸引更多的消费者光顾，更多的竞争对手分析可在现实中实现。

第三，目标市场客户应用互联网的比率。网络营销并非万能，它的本质是一种新的高效的营销方式。目标市场客户应用互联网的比率无疑是一个非常重要的参数，假若目标市场的客户基本不使用互联网，那么在互联网上营销显然是不值得的，如面对这样的情形，则可以通过互联网完成传统营销中的一部分功能，如广告宣传等。

第四，确定具体的营销目标。与传统营销一样，网络营销也应有相应的营销目标，须避免盲目。有了目标，还需进行相应的控制。网络营销的目标总体上应与现实中营销目标一致，但由于网络面对的市场客户有其独到之处，且网络的应用不同于一般营销所采用的各种手段与媒体，因此具体的网络市场目标确定应稍有不同。在当前，网络营销刚刚起步发展之时，目标就不应定得过高，重点应在于如何使客户接受这种新颖的营销手段。

第五，准确的市场定位决定着营销方式。定位是整个网络营销的基础，由此决定网页的内容和营销方式，产品、服务的营销通过网页实现，而网页建设的质量则直接影响营销方式的成功与否。

（2）网站类型定位。建立网站是开展网络营销的基础工作。但公司的营销目标不同，网站建设的要求也有所差异。一个网站可以用来改善形象、宣传产品或服务、收集客户名单、接待客户咨询或投诉、提供客户服务，以及利用网上交易或传统付款方式产生直接订货等。传统公司并非一定要把网站建成销售渠道。显然，如果要把网站建为一个网上百货商店，那么，不妨把主页设计成如琳琅满目的超市货架；如果网站的目的在于提升公司的形象，那么主页的风格应该引人入胜，富有个性；如果把网站建设成一个国际性的宣传渠道或销售渠道，那么多种文字的版本是不可缺少的。

（3）网上品牌定位。网上产品定位之后进入到营销组合阶段。在网络营销中，我们称为“网络营销组合”。如果公司的产品定位于“优质高档”，企业就必须制造出高质量的产品，实行高价策略，进行精致的包装，通过较高档次的商店销售，广告内容也必须以“优质高档”为主题，这样做才符合公司的产品定位。公司定位取决于其产品在顾客心目中的位置，如果公司生产的产品从质量、价格、包装到分销和促销等方面长期定位在“高档”层次上，那么，时间久了公司自然就成了“高档”产品的代名词了。公司一旦建立起理想的市场定位，就必须保持其稳定性和持续性，不要轻易更改。

（4）服务半径定位。根据网站的服务范围不同，分为国际型网站、全国型网站和地区型网站。从理论上讲，网络营销无时空，但由于受产品销售范围的局限，特别是支付转账系统、物流配送系统的发展制约，网络营销的范围是受到一定限制的。企业网站根据自己的实力要在服务范围上选择定位。比如，选择定位于国际型网站就要突出国际化；选择定位于全国型网站就要突出中国特色；选择定位于地区型网站就要突出地方特色，特别是地方的历史文化特色。

3.5.2 网络市场定位的思路

进行网络市场定位一般可从以下几方面考虑：

（1）根据公司营销现状进行定位。通过分析公司的营销现状进行网络市场定位，是一种重要的定位思路。一般来说要考虑如下因素：自己的公司销售什么；自己公司的顾客是哪些人；自己的公司在哪些方面与其他公司有所不同；正确评价公司的现有营销状况；不必极力在网上频繁重塑公司的形象。

（2）根据网络消费行为进行定位。例如，对频繁使用电子邮箱的用户进行 Email 营销时，需要谨慎而有礼节地进行，不要过多地使用新闻组，而应将产品的相关信息公布在网络上以吸引更多的用户，务必使搜索引擎及其他站点指向你的站点。

（3）根据顾客群体的发展进行定位。注意哪些顾客是上网访问者。几乎任何一种行业的市场都会有一些新闻记者、分析家、投资者及有影响力的人去关注。关注网络市场的新闻记者、分析家、投资者及有影响力的人也不少，他们都会频繁上网，这就为建立网上定位展示提供了宣传机会。还要善于发现和注意潜在顾客，千万不能忽视随时有可能上网的潜在顾客。

（4）根据竞争对手状况进行定位。要密切关注竞争对手，与竞争对手比较优势和劣势，采取不同的营销组合策略。对于网络营销企业来说，必须在充满了竞争的网络市场找到自身的优势所在，这个步骤往往是通过找到自身与竞争对手之间的差异来完成的。这些差异体现在四个方面，如表 3－1 所示。

表 3－1　　寻找竞争对手与自己的差异

差　异	体　现
产品差异	使自己的产品区别于其他产品，可以通过价格、质量、附加服务等方式实现
服务差异	使其与产品相关的服务不同于其他企业，包括为消费者提供的消费体验、消费安全性、售后服务等
人员差异	通过雇用和聘用比竞争对手好的营销人员取得更强的竞争优势，对于网络营销企业来说，能恰当把握企业承包经营模式和特点、具备网络营销技术和理念的人员对于企业的经营和发展至关重要
品牌差异	为企业树立良好的品牌形象，使企业不同于竞争对手。作为网络营销企业，良好的品牌形象往往体现在营销过程的安全、快捷、方便、诚信度等方面

网络营销企业需要从以上的差异中选择出企业的优势，这些优势可以使企业更准确找到定位切入点，增强在网络市场的竞争力。

应该指出的是，同类产品在进行市场定位时，不一定只有一种定位标准，应按照当时的市场情况进行最准确恰当的定位。如知名饮品“王老吉”，其市场定位为具备清火功能的功能性饮料，摒弃了不被大多数中国人接受的“凉茶”概念，以一句“怕上火，喝王老吉”的广告词作为宣传口号，通过电视、广播、杂志、网络等媒体宣传，使此定位深入人心。在国人渐渐接受并喜欢上此类产品后，面对其后的同类竞争产品，便开始以“凉茶”的概念进入市场，将“老字号”、传统、正宗等作为诉求重点进行宣传，也取得了较好的效果。

本章小结

网络用户是网络营销的主要个体消费者，也是推动网络营销发展的主要动力，他们的现状决定了今后网络营销的发展趋势和道路。在本章中，主要对网络消费者的消费心理和消费行为，如何根据消费者在网上的不同消费行为来制定相应的营销策略进行了阐述，分析了网络消费者的定位，以帮助学生准确把握网络消费者行为特征，为取得更好的网络营销效果奠定基础。

思考题

1. 网络消费需求有什么特征？
2. 网络消费的购买动机有哪些？其影响因素有哪些？
3. 网络市场定位的依据是什么？
4. 网络消费者的购买决策过程是怎样的？
5. 网络目标市场策略有哪些？
6. 消费品市场的细分依据有哪些？细分的策略通常有哪几种？
7. 进行网络市场定位一般应考虑哪些方面的因素？网络市场定位的内容是什么？

第4章 企业网站建设

【学习目标】熟悉企业网站的规划；掌握选择域名的一般原则、域名的购买及注册方法；掌握企业网站的主要功能；掌握企业网站的基本内容；了解企业网站的搜索引擎优化、图片优化。

【知识能力】能规划制定网站的信息结构；能根据域名注册的需要设计一个适合企业的域名；能完成一般的网站优化。

【工作任务】独立完成域名的注册工作；承担以营销为导向的企业网站的建设工作；完成网站的内容设计。

案例导入

戴尔公司——驾驭互联网的威力

戴尔公司是一家备受信任的多元化信息技术提供商和合作伙伴，向全世界的客户直接提供涵盖广泛的产品和服务。通过直接向客户提供符合行业标准技术的产品和服务，不断地致力于提供最佳的客户体验，并借此在市场上取得了领先地位。公司成立于 1984 年，销售额从 600 万美元增长到过去四个季度的 574 亿美元，自 1987 年戴尔公司在英国建立第一家国际子公司以来，其销售机构已经遍布全球，公司现有大约 65 200 名员工正在全球各地为众多的客户提供着服务。

戴尔公司之所以能够迅速成为市场领导者，其原因在于公司通过直接销售基于业内标准的计算产品和服务，始终如一地专注于提供最佳的客户体验。

直接业务模式省略了中间商的时间和成本耗费，缩短了戴尔与客户直接交流的时间和距离。同时，在直接业务模式的基础上，戴尔又在业内率先推出了相关的客户服务和支持计划，深得客户好评。

戴尔公司的业绩还得益于公司运用互联网科技提高运营效率，强化并扩展了直接模式的竞争力。戴尔公司于 1994 年创办了 www. dell. com 网站，并在 1996 年增加了电子商务的功能，一年后成为全球首家在线销售额超过 100 万美元的企业。

戴尔公司还将互联网的效率延伸到包括采购、客户支持和客户关系管理的整个业务流程当中。今天，戴尔公司的商务网站销售额在全球排名第一。

资料来源：http：//www. chinaquality. org. cn/sd/member_1204. htm。

案例简评

戴尔公司为全球首要的计算机系统制造及相关服务提供商，致力于为客户构建信息技术和互联网基础设施。戴尔公司合理地规划了公司网站，果断地开展了电子商务活动，运用互联网科技提高运营效率，强化并扩展了网上直销的直接模式的竞争力，堪称电子商务领域成功的典范。

4.1 网站规划

网络营销计划侧重于网站发布之后的推广，网站规划侧重于网站建设阶段的问题，但网站建设的目的是为了开展网络营销的需要，因此应该用全局的观点来看待网站规划，在网站规划阶段就将计划采用的营销手段融合进来，而不是等待网站建成之后才考虑怎么去做营销。网站规划的内容对网络营销计划同样具有重要意义，具有与网络营销计划同等重要的价值，二者不可互相替代。网站规划的主要意义就在于树立网络营销的全局观念，将每一个环节都与网络营销目标结合起来，增强针对性，避免盲目性。

4.1.1 网站规划的基本内容

（1）建立网站的目的。这是网站规划中的核心问题，需要非常明确和具体。建立网站的目的就是一个网站的目标定位问题，网站的功能和内容，以及各种网站推广策略都是为了实现网站的预期目的。建立网站可以有多种目的，例如，从事直接网上销售、作为产品信息发布工具、信息中介服务、教育和培训等，不同类型的网站其表达方式和实现手段是不一样的。

（2）域名和网站名称。一个好的域名对网络营销的成功具有重要意义，网站名称同域名一样具有重要意义，域名和网站名称应该在网站规划阶段就作为重要内容来考虑。有些网站发布一段时间之后才发现域名或者网站名称不太合适，需要重新更改，不仅非常麻烦，而且前期的推广工作几乎没有任何价值，同时对自己网站形象也造成一定的伤害。这种现象在早期的一些网站中很普遍，例如搜狐（sohu. com）曾用 sohoo. com. cn 作为域名，网易（163. com）的前身是 netease. net，而新浪网（sina. com. cn）早期的域名是 srsnet. com。虽然这些网站现在都已发展成为国内著名的门户网站，且在纳斯达克成功上市，但是，从它们域名的演变也可以看出当初曾经走过的弯路，值得我们认真思考和借鉴。

（3）网站的主要功能。在确定了网站目标和名称之后，要设计网站的功能了，网站功能是战术性的，是为了实现网站的目标。网站的功能是为用户提供服务的基本表现形式。一般来说，一个网站有几个主要的功能模块，这些模块体现了一个网站的核心价值。

（4）网站技术解决方案。根据网站的功能确定网站技术解决方案，应重点考虑下列几个方面：第一，是采用自建网站服务器，还是租用虚拟主机。第二，选择操作系统，用 Unix、Linux 还是 Window 2000/NT。分析投入成本、功能、开发、稳定性和安全性等。第三，采用系统性的解决方案，如 IBM、HP 等公司提供的企业上网方案、电子商务解决方案，还是自行开发。第四，网站安全性措施，防黑、防病毒方案。第五，相关程序开发，如网页程序 ASP、JSP、CGI、数据库程序等。

（5）网站内容规划。不同类别的网站，在内容方面的差别很大，因此，网站规划没有固定的格式内容，需根据不同的网站类型来制定。例如，一般信息发布型企业网站内容应包括公司简介、产品介绍、服务内容、价格信息、联系方式、网上订单等基本内容；电子商务类网站要提供会员注册、详细的商品服务信息、信息搜索查询、订单确认、付款、个人信息保密措施、相关帮助等；综合门户类网站则将不同的内容划分为许多独立的或有关联的频道，有时，一个频道的内容就相当于一个独立网站的功能。

（6）网站测试和发布。在网站设计完成之后，应该进行一系列的测试，当一切测试正常之后，才能正式发布。主要包括：网站服务器稳定性、安全性；各种插件、数据库、图像、链接等是否工作正常；在不同接入速率情况下的网页下载速度；网页对不同浏览器的兼容性；网页在不同显示器和不同显示模式下的表现等。

（7）网站推广。企业网站推广活动一般发生在网站正式发布之后，当然也不排除一些网站在筹备期间就开始宣传的可能。网站推广是网络营销的主要内容，可以说，大部分的网络营销活动都是为了网站推广的需要，例如，发布新闻、搜索引擎登记、交换链接、网络广告等。因此，在网站规划阶段就应该对将来的推广活动有明确的认识和计划。

（8）网站维护。网站发布之后，还要定期进行维护，主要包括：服务器及相关软硬件的维护，对可能出现的问题进行评估，制定响应时间；网站内容的更新、调整等，将网站维护制度化、规范化。

（9）网站财务预算。除了上述各种技术解决方案、内容、功能、推广、测试等内容应该在网站规划书中详细说明之外，企业网站建设和推广的财务预算也是重要内容，网站建设和网络推广在很大程度上受到财务预算的制约，所有的规划都只能在财务许可的范围之内。财务预算应按照网站的开发周期，包含网站所有的费用明细清单。

4.1.2 网站信息结构规划

（1）网站首页。页头：准确无误地标识企业站点和它的企业标志；页面：应是各大栏目导航，最新产品展示，最新供应、求购、代理、合作信息，最新加入会员企业，最新行业资讯，最新展会信息。

（2）导航设计。导航系统是有效连接网站各处的工具，它有效地分类网站内容并指向它所代表的内容。通过超文本链接或图片链接，使浏览者能够在网站上自由前进或后退，而不会让浏览者使用浏览器上的前进或后退。

（3）会员注册。网站提供访问者注册会员端口，公司可以根据现有的优惠政策或其他吸引方式吸引访问者注册会员，访问者只需输入简单注册信息，即可成为会员。所有会员的信息资料均存储于系统数据库中，以直观的表格形式呈现于后台，管理员可以很方便地对会员信息进行管理，可以查询、修改、删除会员的信息。

（4）公司简介。公司简介主要内容就是公司名称、服务领域、经营产品、发展经历、经营规模、公司理念、发展目标等，还包括公司的战略目标、合作方式等，旨在通过互联网的简介能让用户了解公司的现状，特别是公司的业务范围，让公司能在用户心中留下美好的印象。

（5）产品介绍。此页主要介绍产品的用途、性能、颜色、结构、技术参数等内容，这对网页内容的多少与网页结构的复杂程度有很大的影响。产品网页的策划一般按其不同的类型划分各网页。

（6）客户反馈。此功能可分为三种方式设计：访客留言后不留在网页上，直接发送到贵公司指定的电子邮箱；访客留言后留在网页上，让之后造访的人可以在网上看到之前的留言信息（数据用 FTP 管理）；访客留言后留在网页上，让之后造访的人可以在网页上看到之前的留言（数据存在数据库，可查询和总结报告）。

（7）招商热线。本栏目主要是详细介绍公司的招商理念和招商流程，通过精美的图片和理性的文字诠释默契配合，详细地向客户介绍公司的招商体制，使客户全方位地了解加盟的流程体系和联系方式。

（8）招聘信息。企业的不断发展壮大，需要不断地充实自己的人才队伍，网站开设这样一个栏目就显得很有必要。

（9）网站内容更新系统。设置网站内容更新系统能独立自主地对网站内的所有动态内容进行管理维护，既保证了网站内容的及时性，又极大降低了企业后期网站维护成本。点击相应的功能模块链接，右边就会出现内容管理页面，所有资料信息的管理全部在 Web 界面上实现，十分简单方便。

4.2 域名选择和注册

4.2.1 域名的基础知识

4.2.1.1 域名的含义

在网络上，真实的地址都是 IP，但是 IP 是一串数字，太复杂，而且 IP 资源不多，同时有些站要经常换服务器，换一次服务器又要换一次 IP，一个服务器对应着一个独立的 IP，大家用的电脑，多是动态 IP，没有独立 IP。一个 IP，也就是一个服务器上，可能要有几百个站，所以有人为了便于记忆，发明了域名（Domain Name）这个概念。

可见域名就是上网单位的名称，是一个通过计算机登上网络的单位在该网中的地址。一个公司如果希望在网络上建立自己的主页，就必须取得一个域名，域名是由若干部分组成，包括数字和字母。通过该地址，人们可以在网络上找到所需的详细资料。域名是上网单位和个人在网络上的重要标识，起着识别作用，便于他人识别和检索某一企业 、组织或个人的信息资源，从而更好地实现网络上的资源共享。除了识别功能外，在虚拟环境下，域名还可以起到引导、宣传、代表等作用。

域名，是由一串用点分隔的名字组成的互联网上某一台计算机或计算机组的名称，用于在数据传输时标识计算机的电子方位（有时也指地理位置）。通俗地说，域名就相当于一个家庭的门牌号码，别人通过这个号码可以很容易地找到你。

4.2.1.2 域名的级别

（1）顶级域名。顶级域名又分为两类：一是国家顶级域名（nTLDs），目前 200 多个国家都按照 ISO3166 国家代码分配了顶级域名，例如，中国是 cn，美国是 us，日本是 jp 等；二是国际顶级域名（iTDs），例如表示工商企业的 . com，表示网络提供商的 . net，表示非营利组织的.org 等。目前大多数域名争议都发生在 com 的顶级域名下，因为多数公司上网的目的都是为了盈利。为加强域名管理，解决域名资源的紧张，互联网协会、互联网分址机构及世界知识产权组织（WIPO）等国际组织经过广泛协商，在原来三个国际通用顶级域名（com、net、org）的基础上，新增加了 7 个国际通用顶级域名：firm（公司企业）、store（销售公司或企业）、web（突出 www 活动的单位）、arts（突出文化、娱乐活动的单位）、rec（突出消遣、娱乐活动的单位）、info（提供信息服务的单位）、nom（个人），并在世界范围内选择新的注册机构来受理域名注册申请。

（2）二级域名。二级域名是指顶级域名之下的域名，在国际顶级域名下，它是指域名注册人的网上名称，例如 ibm、yahoo、microsoft 等；在国家顶级域名下，它是表示注册企业类别的符号，例如 com、edu、gov、net 等。

我国在国际互联网络信息中心（InterNIC）正式注册并运行的顶级域名是 cn，这也是我国的一级域名。在顶级域名之下，我国的二级域名又分为类别域名和行政区域名两类。类别域名共 6 个，包括用于科研机构的 ac、用于工商金融企业的 com、用于教育机构的 edu、用于政府部门的 gov、用于互联网络信息中心和运行中心的 net、用于非营利组织的 org；而行政区域名有 34 个，分别对应于我国各省、自治区和直辖市。

（3）三级域名。三级域名由字母（A ~ Z，a ~ z）、数字（0 ~ 9）和连接符（-）组成，各级域名之间用实点（.）连接，三级域名的长度不能超过 20 个字符。如无特殊原因，建议采用申请人的英文名（或者缩写）或者汉语拼音名（或者缩写）作为三级域名，以保持域名的清晰性和简洁性。那么，以营销为导向的企业网站，对域名的设计如何能起到营销作用，主要就是通过三级域名的设计来完成的。

4.2.2 选择域名的一般原则与技巧

4.2.2.1 选择域名的一般原则

（1）域名应该简明易记，便于输入。这是判断域名好坏最重要的因素。一个好的域名应该短而顺口，便于记忆，最好让人看一眼就能记住，而且读起来发音清晰，不会导致拼写错误。此外，域名选取还要避免同音异义词。

（2）域名要有一定的内涵和意义。用有一定意义和内涵的词或词组作域名，不但可记忆性好，而且有助于实现企业的营销目标。例如企业名称、产品名称、商标名、品牌名等都是不错的选择，这样能够使企业的网络营销目标和非网络营销目标达成一致。

4.2.2.2 域名选取的技巧

（1）用企业名称的汉语拼音作为域名。这是为企业选取域名的一种较好方式，实际上大部分国内企业都是这样选取域名的。例如，红塔集团的域名为 hongta. com，新飞电器的域名为 xinfei. com，海尔集团的域名为 haier. com，四川长虹集团的域名为 changhong. com，华为技术有限公司的域名为 huawei. com。这样的域名有助于提高企业在线品牌的知名度，即使企业不作任何宣传，其在线站点的域名也很容易被人想到。

（2）用企业名称相应的英文名作为域名。这也是国内许多企业选取域名的一种方式，这样的域名特别适合与计算机、网络和通信相关的一些行业。例如，长城计算机公司的域名为 greatwall . com. cn，中国电信的域名为 chinatelecom. com. cn，中国移动的域名为 chinamobile. com。

（3）用企业名称的缩写作为域名。有些企业的名称比较长，如果用汉语拼音或者用相应的英文名作为域名就显得过于烦琐，不便于记忆。因此，用企业名称的缩写作为域名不失为一种好方法。缩写包括两种方法：一种是汉语拼音缩写；另一种是英文缩写。例如，广东步步高电子工业有限公司的域名为 gdbbk. com，泸州老窖集团的域名为 lzlj. com. cn，中国电子商务网的域名为 chinaeb. com. cn，计算机世界的域名为 ccw. com. cn。

（4）用汉语拼音的谐音形式给企业注册域名。在现实中，采用这种方法的企业也不在少数。例如，美的集团的域名为 midea. com. cn，康佳集团的域名为 konka. com. cn，格力集团的域名为 gree. com。

（5）以中英文结合的形式给企业注册域名。荣事达集团的域名是 rongshidagroup. com，其中"荣事达"三字用汉语拼音，"集团"用英文名。这样的例子还有许多，中国人网的域名为 chinaren. com，华通金属的域名为 htmetal. com. cn。

（6）在企业名称前后加上与网络相关的前缀和后缀。常用的前缀有 e、i、net 等；后缀有 net、web、line 等。例如，中国营销传播网的域名为 emkt. com. cn，网络营销论坛的域名为 webpromote. com. cn，联合商情域名为 it168. com，脉搏网的域名为 mweb . com. cn，中华营销网的域名是 chinam-net. com。

（7）用与企业名有相关性的数字作域名。一般情况下，企业选取这种域名的原因有多种：或者是为了让人很容易记住网站，或者是因为企业的品牌域名已经被别人抢注不得已而为之，或者觉得新的域名可能更有利于开展网上业务。例如，上海雨林翻译公司是一家翻译服务公司，选报了 021fy. com 作为它的域名，021 是上海的电话区号，fy 是翻译两字的拼音缩写，容易让人一下子记住。这样做的好处显而易见：只要客户看了一遍，就很容易记住。

（8）不要注册其他公司拥有的独特商标名和国际知名企业的商标名。如果选取其他公司独特的商标名作为自己的域名，很可能会惹上一身官司，特别是当注册的域名是一家国际或国内著名企业的驰名商标时。换言之，当企业挑选域名时，需要留心挑选的域名是不是其他企业的注册商标名。

（9）应该尽量避免被 CGI 脚本程序或其他动态页面产生的 URL。例如，Minolta Printers 的域名是 minoltaprinters. com，但键入这个域名后，域名栏却出现" = pub-root-index. htm"，造成这种情况的原因可能是 minoltaprinters. com 是一个免费域名。这样的域名有很多缺点：第一，不符合域名是主页一部分的规则；第二，不符合网民使用域名作为浏览目标，并判断所处位置的习惯；第三，忽视了域名是站点品牌的重要组成部分。

（10）注册 . net 域名时要谨慎。. net 域名一般留给有网络背景的公司。虽然任何一家公司都可以注册，但这极容易引起混淆，使访问者误认为访问的是一家具有网络背景的公司。企业防止他人抢注造成损失的一个解决办法是，对 . net 域名进行预防性注册，但不用作企业的正规域名。

4.2.3 域名的购买及注册

4.2.3.1 域名的注册条件

购买域名前，应该符合注册条件。域名注册申请人必须是依法登记并且能够独立承担民事责任的组织，个人不能申请注册域名。域名注册申请表中的各类联系人都是代表组织来办理域名注册申请的各项事宜。域名承办人并不是以个人身份来办理域名注册申请，而是代表组织。

4.2.3.2 域名注册时需要注意的问题

域名可使用的字符是26个英文字母、10个阿拉伯数字和横杠“-”（不包括下横杠“_”），最长20个字符，中间不能有空格。不能是含有非法内容，或者国家领导人的名字，不能是组织名称或者地名。《中国互联网域名管理办法》中还规定，未经国家有关部门的正式批准，不得使用含“CHINA”，“CHINESE”、“CN”、“NATIONAL”等字样的域名；不得使用公众知晓的其他国家或者地区名称、外国地名、国际组织名称；未经各级地方政府批准，不得使用县级以上（含县级）行政区划名称的全称或者缩写；不得使用行业名称或者商品的通用名称；不得使用他人已在中国注册过的企业名称或者商标名称；不得使用对国家、社会或者公共利益有损害的名称。

4.2.3.3 域名的购买与注册流程

购买域名，建议前往万网（www. net. cn）购买，中国万网是中国域名注册服务的先行者、中国虚拟主机服务的开创者、中国企业邮箱服务的领先者和中国网站建设服务的创新者。中国万网一直秉承专业、诚信、服务、进取的价值观，坚持客户第一的服务理念，以“关注企业需求，实现企业价值”为导向，向企业提供全面优质的互联网应用服务。还可以前往中国互联网信息中心（www. cnnic. cn）查找官方认可的国内域名注册服务商的名单，就近购买。

免费域名一般是二级域名，而例如 www. admin6. net 则是收费的顶级域名。如果在网站上要开通免费域名的话，可以申请 xinshenrenlei. admin6. net，则 xinshenrenlei 就是你申请的名字。

选择了自己的域名在万网上未被注册以后，进入域名注册商的域名注册页面，在注册商的页面操作完成，例如云志互联的域名注册流程如下：

第一步，在产品分类中选择需要的域名分类，如图4-1所示。

第二步，在域名列表中选择需要的域名后缀，如图4-2所示。

第三步，查询域名是否可以注册，如图4-3所示。

第四步，点击“加入购物车”进行购买，如图4-4所示。

第五步，同意购买协议，如图4-5所示。

第六步，选择相应的支付方式，如图4-6所示。

第七步，填写域名申请表单，如图4-7所示。

第八步，域名注册成功，显示域名密码，如图 4－8 所示。

第九步，点击查看域名密码和域名登录管理地址，如图 4－9 所示。

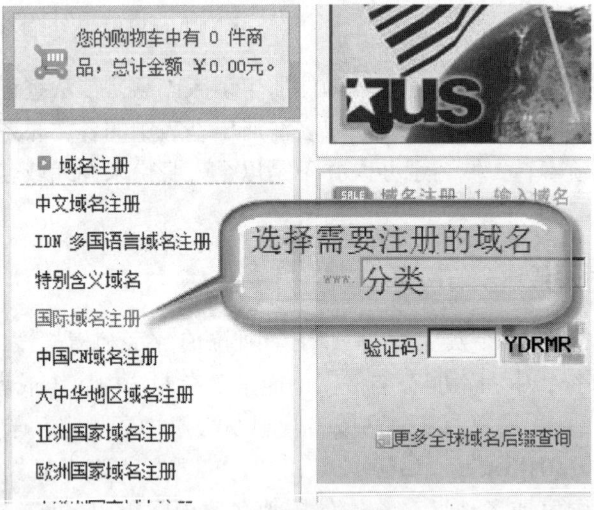

图 4－1　选择域名类别

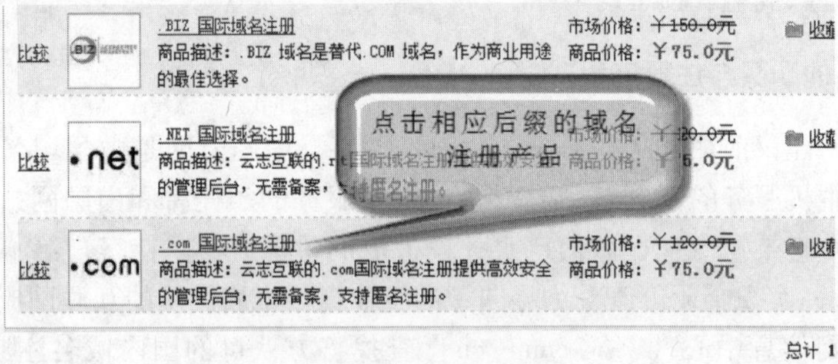

图 4－2　选择域名后缀

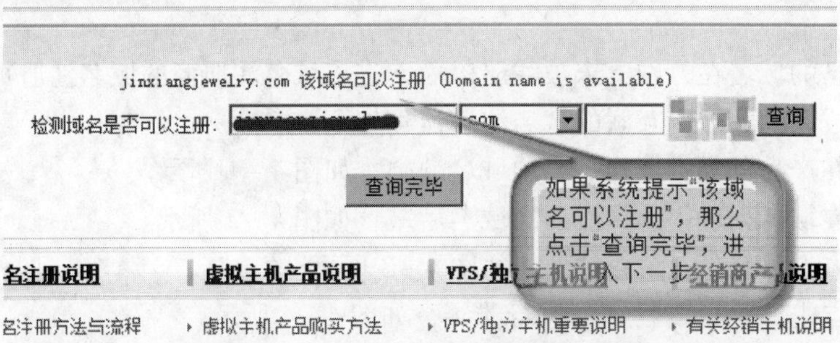

图 4－3　查询域名是否可以注册

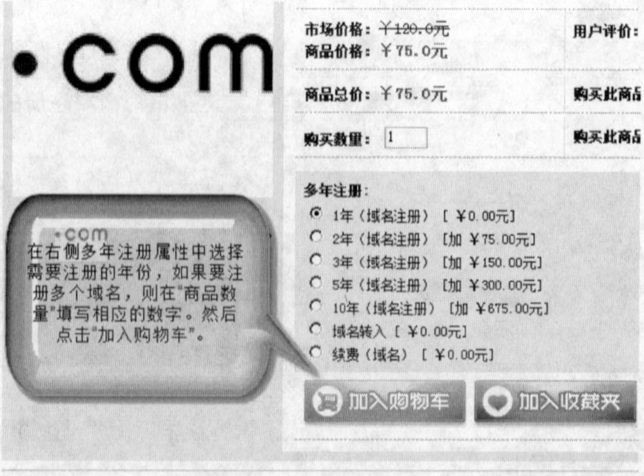

图 4－4　加入购物车

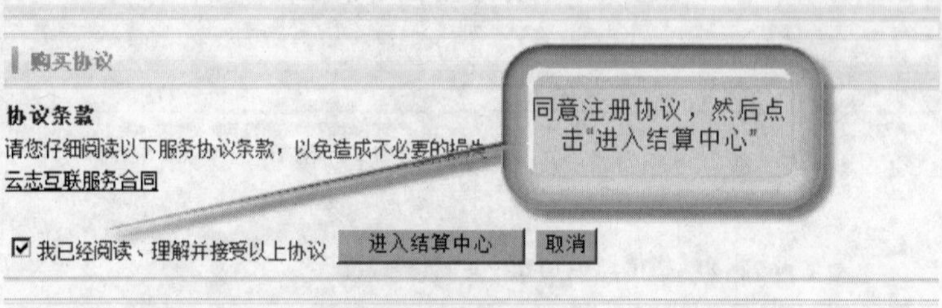

图 4－5　同意购买协议

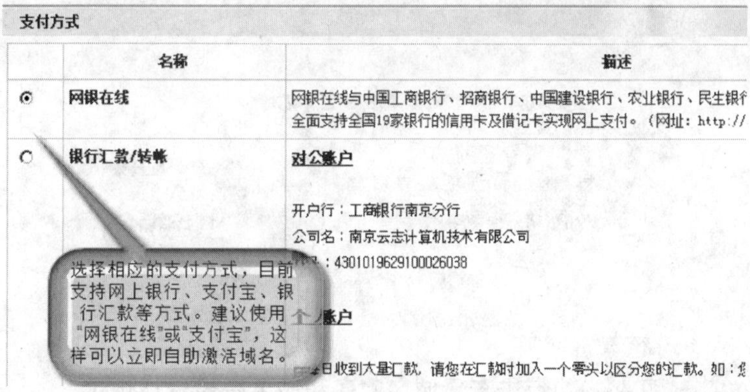

图 4－6　选择支付方式

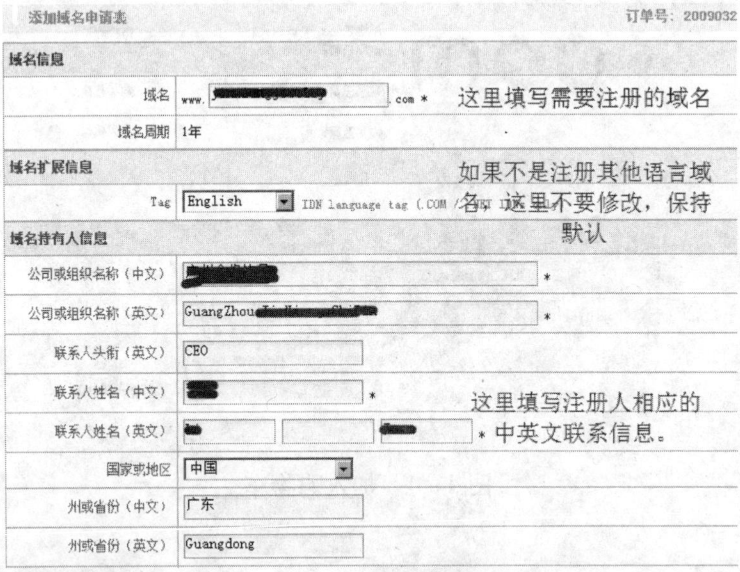

图 4-7　填写域名申请表单

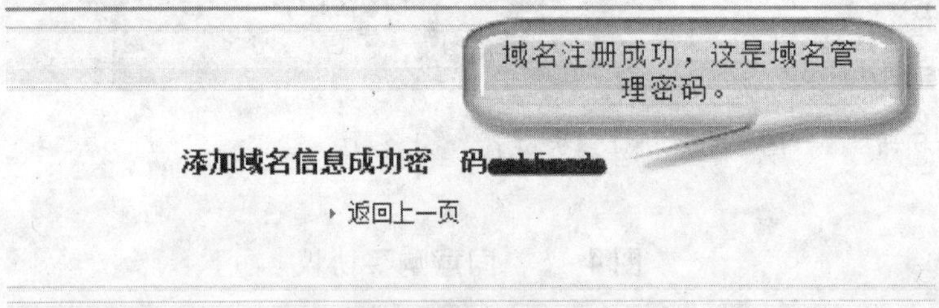

图 4-8　域名注册成功

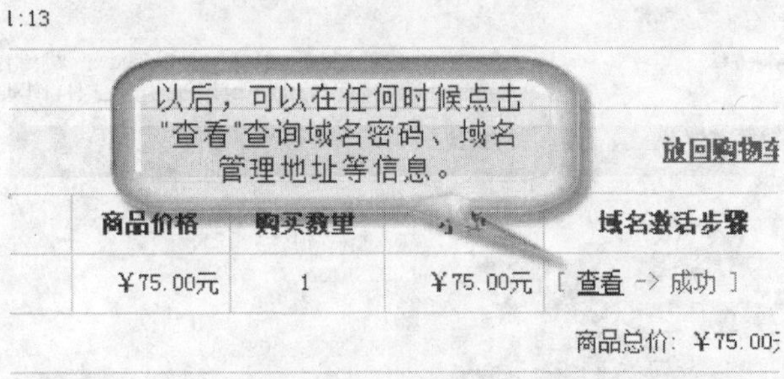

图 4-9　点击查看域名密码和域名登录管理地址

4.3 企业网站的功能

从营销的角度来讲，营销企业网站不仅仅是一个企业的网上门面，而是一个重要的营销工具。因此，在网络营销有关网站建设的内容中，总是强调网站要有方便的导航功能、完善的帮助系统、尽可能快的下载速度、简单友好的用户界面，以及对搜索引擎友好的 META 标签设计等。但是，具备了这些条件并不说明一个网站就拥有了营销功能。

所谓营销功能的网站，是指以营销需求为导向设计的网站，并不一定局限在网上销售产品的网站，当然，具备网上销售功能的网站更应该以营销为导向。对于商业网站来说都应该充分利用网站的营销功能，但是，实际上许多网站并没有做到这一点。从营销的需要来看，即使一些已经开展电子商务的网站在很多方面也并不理想。有时让人觉得很奇怪，一些有一定知名度的网站，每天拥有几万人甚至更多的访问者，它们不去充分发掘这些“找上门来的客户”，而是不断壮大自己的销售队伍，大量的销售人员在开展着效率极低的“一对一营销”活动。原因也许是多方面的，但至少可以肯定，网站的营销功能没有被充分认识和利用。

4.3.1 营销导向的网站具备的基本条件

由于不同的企业产品特点不同，诉求方式也有差异，尽管很难罗列出全部有共性的地方，不过，从用户的需求行为来看，仍然有一些可供遵循的规律。

(1) 加深用户的印象。当推出新产品，或者有重大新闻价值的事件时，应该在网站首页重点介绍，在适当的位置，用适当的方式将你要表达的信息传达给适当的用户。例如在康佳集团网站首页上对新款手机的特别推介就是很好的表现形式。

(2) 相关产品、服务、内容的推荐。在传统市场营销中，“推荐”是一种常用的营销方式，专家的推荐、朋友的推荐等往往对一些用户购买决策发挥很大作用，在许多电视广告中，也往往拉出一些相关或不相关的名人来向大家推荐某产品。除了获得别人的推荐外，当然也可以自己在网站上向用户推荐，这同样是一种比较有效的促销方法。

(3) 交互性与网络营销功能。互联网最重要的特色就是其交互性，如果不将这种功能与营销功能结合起来，显然是一种巨大的浪费。对于商业网站来说，应该充分利用这一特性，比如，当一个用户在介绍某一产品的网页停留较长时间，或者反复查看有关内容时，可以利用这一信息，实时地向用户提供帮助或者介绍有关的最新信息。

4.3.2 企业网站网络营销功能

企业网站应该具有的八项网络营销功能，具体描述如下：

(1) 品牌形象。网站的形象代表着企业的网上品牌形象，人们在网上了解一个企业的主要方式就是访问该公司的网站，网站建设的专业化与否直接影响企业的网络品牌形象，同时也对网站的其他功能产生直接影响。尤其对于以网上经营为主要方式的企业，网站的形象是访问者对企业的第一印象，这种印象对于建立品牌形象、产生用户信任具有至关重要的作用，因此具备条件的企业应力求在自己的网站建设上体现出自己的形象。

（2）产品、服务展示。顾客访问网站的主要目的是为了对公司的产品和服务进行深入的了解，企业网站的主要价值也就在于灵活地向用户展示产品说明的文字、图片甚至多媒体信息。即使一个功能简单的网站至少也相当于一本可以随时更新的产品宣传资料，并且这种宣传资料是用户主动来获取的，对信息内容有较高的关注程度，因此往往可以获得比一般印刷宣传资料更好的宣传效果。

（3）信息发布。网站是一个信息载体，在法律许可的范围内，可以发布一切有利于企业形象、顾客服务以及促进销售的企业新闻、产品信息、各种促销信息、招标信息、合作信息、人员招聘信息等。因此，拥有一个网站就相当于拥有一个强有力的宣传工具，这就是企业网站具有自主性的体现。当网站建成之后，合理组织对用户有价值的信息是网络营销的首要任务，当企业有新产品上市、开展阶段性促销活动时，也应充分发挥网站的信息发布功能，将有关信息首先发布在自己的网站上。

（4）顾客服务。通过网站可以为顾客提供各种在线服务和帮助信息，比如常见问题解答（FAQ）、电子邮件咨询、在线表单、通过即时信息实时回答顾客的咨询等。一个设计水平较高的常见问题解答，应该可以回答80%以上顾客关心的问题，这样不仅为顾客提供了方便，也提高了顾客服务效率、节省了服务成本。

（5）顾客关系。通过网络社区、有奖竞赛等方式吸引顾客参与，不仅可以起到产品宣传的目的，同时也有助于增进顾客关系，顾客忠诚度的提高将直接增加销售。尤其是对于产品功能复杂或者变化较快的产品，如数码产品、时装、化妆品等，顾客为了获得更多的产品信息，对于企业网络营销活动参与兴趣较高，可充分利用这种特点来建立和维持良好的顾客关系。

（6）网上调研。市场调研是营销工作不可或缺的内容，企业网站为网上调研提供了方便而又廉价的途径，通过网站上的在线调查表，或者通过电子邮件、论坛、实时信息等方式征求顾客意见等，可以获得有价值的用户反馈信息。无论作为产品调查、消费者行为调查，还是品牌形象等方面的调查，企业网站都可以在获得第一手市场资料方面发挥积极的作用。

（7）资源合作。资源合作是独具特色的网络营销手段，为了获得更好的网上推广效果，需要与供应商、经销商、客户网站，以及其他内容、功能互补或者相关的企业建立资源合作关系，实现资源共享到利益共享的目的。如果没有企业网站，便失去了很多积累网络营销资源的机会，没有资源，合作就无从谈起。

（8）网上销售。建立网站及开展网络营销活动的目的之一是为了增加销售，一个功能完善的网站本身就可以完成订单确认、网上支付等电子商务功能，即企业网站本身就是一个销售渠道。随着电子商务价值越来越多地被证实，更多的企业将开拓网上销售渠道，增加网上销售手段。实现在线销售的方式有多种，利用企业网站本身的资源来开展在线销售是有效的一种形式。

4.3.3 企业网站与网络营销的关系

研究企业网站的意义在于企业网站与网络营销之间所存在的内在关系，搞清楚这些关系，才能为建立网络营销导向的企业网站奠定基础，也才能保证网络营销各项基本职能的实现，从而最大程度地发挥网络营销的作用。企业网站与网络营销的关系可以从下列四个方面来说明：

（1）网站建设是网络营销的基础。网站建设为网络营销各种职能的实现打下了基础，如网站推广、在线顾客服务等，一些重要的网络营销方法如搜索引擎营销、邮件列表营销、网络会员制营销等也才具备了基本条件。一般来说，网络营销策略制定之后，首先应开始进行企业网站的策划和建设。

（2）网站建设是网络营销策略的重要组成部分。有效地开展网络营销离不开企业网站功能的支持，网站建设的专业水平同时也直接影响着网络营销的效果，表现在品牌形象、在搜索引擎中被检索到的机会等多个方面。因此在网站策划和建设阶段就要考虑到将要采用的网络营销方法对网站的需要，如网站功能、网站结构、搜索引擎优化、网站内容、信息发布方式等。

（3）企业网站内容是网络营销信息源的基础。企业网站也是企业信息的第一发布场所，代表了企业官方的形象和观点，在表现形式上应该是严肃而认真的。其他网络营销方法对网络营销信息传递不外乎两种方式，它们都是以企业网站的信息为基础：一种是通过各种推广方法，吸引用户访问网站从而实现信息传递的目的；另一种则是将营销信息源通过一定的手段直接传递给潜在用户。

（4）网站的功能决定使用怎样的营销方法。由于网站的功能不会自动发挥作用，因此是通过其他网络营销方法才得以体现出来的，因此企业网站与其他网络营销方法之间是互为依存、互相促进的。

4.4 企业网站设计的问题及建议

4.4.1 企业网站设计的常见问题

随着时代的进步，设计成了目前国内网站存在的最普遍、最严重的问题，尤其是企业网站。我们所谓的设计不仅是指平常所说的平面布局、图片设计，还包括内容安排、制作技术方面。

（1）图片处理方面。一是处理手法简单，缺乏设计思想。图像方方正正，基本上看不出如何经过处理；不讲究图片与文字的互补搭配；图片处理过暗，图片上文字模糊不清；图片孤立，与周围内容缺乏统一；用色怪异，图片颜色随意，有的只是随便找些图片再经过高度和宽度的变形，图片处理缺乏处理深度和细度；背景与前景文字缺乏明度对比，复杂的背景图像掩盖了前景文字的内容，给人的感觉是网站乱成一片。出现这些问题的关键是设计者思路的问题，并没有意识到网页中图片的实际作用，其实，网页中图片的真正意义在于深化网站的思想，反映网站的统一形象，加深浏览者对网站形象的记忆，并使他们更快速掌握网站的内容。因此，网站图片一定要少而精，不必要的、与企业或网站形象不符的图片一定要去掉。二是图片太多。对于中小企业网站而言，往往是首页要突出设计，内容很少，有的只是象征性的图像。问题就出现在首页上，很多企业网站的首页使用大量的图片，有的甚至整页都是图片切割而成。在宽带接入没有普及以前建议最好简洁一些，图片少些，设计思想多些，色彩淡些，目的无非只有一个：加快网页下载速度。三是存储方式、存储格式有问题。由于存储方式、存储格式的问题导致图像色彩失真、字节过大。浏览国内企业网站，经常会看到这些情景：图片局部色彩出现焦糊的感觉，本来应该是单色的地方出现杂色，这属于图片存储的问题，给人一种很不专业的感觉。

（2）文字使用方面。一些企业网站页面中的正文字体没有进行优化处理，粗旷的字体是容易识别，但整体布局被这些粗大的字体扰乱，看不出网页之美。

（3）动画使用方面。在网页中随意地加入一些互不相干的动画，的确活跃了页面，但是纷乱的动画会扰乱浏览者的阅读视线，影响浏览者的心情，而最终导致离开。

（4）导航设计方面。应该将导航的设计融入整个网站设计中，而不是将它们孤立，最好能将企业的形象（如标志等）加入导航的设计，从而进一步加深浏览者对企业形象的认识。另外要注意的一点是：导航要合理、方便地去任何地方，又能方便地返回，并注意不要将内容藏的太深，使浏览者多次点击才达到目的的导航设置是失败的。

（5）速度方面。有人说：页面下载速度是一个优秀网站的第一要素。页面下载速度是网站留住访问者的关键因素，实际工作中，如果 7 ~ 10 秒还不能打开一个网页，一般人就会没有耐心。如果不能让每个页面都保持较快的下载速度，至少应该确保主页速度尽可能快。而一部分企业站点的设计从速度上来看是失败的，耐心地等待半天后发现图片链接下载失败，只能刷新，这又要等一段时间。所以，应该测试一下自己的网站下载速度，尤其是你的网站首页图片较多的情况下，更应该注意这些问题。当然注意清除自己电脑中浏览器的缓存。

4.4.2　营销企业网站进行网络营销时应注意的问题

（1）订单效果的问题。很多企业在开展网络营销活动时，往往希望能在很短时间内见到效果，但是实际上网站的回报周期同现实生活中的一样是需要时间的，这才能够带来一定的订单效果。不应该在短时间内没有拿到很好的订单，就质疑网络营销的成效，毕竟营销的成效是从多方面衡量的。

（2）网络传输及打开速度的问题。很多企业网站的空间和服务器都是很便宜，但是也是很没有保证的，网站服务器一定要稳定，如果你的企业网站的某个关键词在第一位，结果因为服务器的原因，那网络营销的投资回报周期又要无限延伸了。

（3）人员安排的问题。最好有专人来解决网站设计的问题，可以通过这方面专业的管理减少你的投资回报的周期。但是，由于专业的网站设计人员不一定了解企业的业务和经营理念，这样设计出来的网站有时候并不能完全表现出企业的内涵，所以从企业的员工中挑选出适当人选开展培训活动是绝对有必要的。

（4）网络营销活动。将传统营销和网络营销活动有效地整合起来是企业在营销时能够获得最大成功的重要原因之一，因为传统的途径很难去传播，传播的途径很有限，然而网络却能够为企业营销附上最大程度的传播价值，所以营销活动的开展应该在网络上给予传播。这样才能为企业的网络营销系统发挥最大的实用价值。

4.5 企业网站的优化

一个好的企业网站，首先要有关于企业真实实力的介绍、重要经营领域等，也就是说潜在客户看到企业网站，他可以通过这个网站对该企业有一个大概的了解。那么怎么样才能找到企业的潜在客户呢？一种方法就是做竞价排名，而很多小企业并没有太多的资金投入到竞价排名中，那么针对网站的优化就显得尤为重要了。

4.5.1 搜索引擎优化

搜索引擎优化（SEO），即是一项非常重要的基础性网站推广工作。它的原理是按照搜索引擎自动收录的规则，将网站进行技术等相关处理，以便于网站能够快速有效地被搜索引擎收录。有统计表明，大多数网站的访问量有70%是通过搜索引擎得来的，故企业网站在搜索引擎上排名如何，直接影响到了网站被大家接受的程度。

搜索引擎优化既是一项技术性较强的工作，也是一项同企业特点息息相关，需要经常分析和寻求外部合作的工作。实践证明，搜索引擎优化工作不仅能让网站在搜索引擎上有良好的表现，而且能让整个网站看上去轻松明快，页面高效简洁，目标客户能够直奔主题，网站发挥出了沟通企业与客户的最佳效果。

让我们从以下几个方面看看应当如何做好搜索引擎优化工作：

（1）走出Flash和图片的误区。不少企业网站充斥了大量的图片和Flash动画，实际上，这些大量的图片和Flash不仅对网站被用户检索没有任何好处，还会因为占用大量的缓存使得加载速度变慢，使得用户在短时间内打不开网页而离开，对营销效果造成很大的影响。

因此，企业在建设自己网站的过程中就需要注意，图片或Flash动画可以要，但不要太泛滥，过犹不及；热衷于使用Flash引导页的网站，可尽量将Flash引导页同网站首页结合起来，避免搜索引擎搜索不到首页信息；能够用文字表达的地方，尽量不要用图片来代替，避免把文字做到图片里面，要让文字成为主角，图片只是点缀。

（2）确定网站核心关键词。网站关键词的选择很大程度上取决于企业建设网站的思路。核心关键词不要太多，一般限定在五个以内。在关键词的选择上，可分三个方面进行：首先是企业简称，其次是产品统称，最后是行业简称。如环球陶瓷有限公司网站（http://www.globechina.net），它的网站核心关键词应该是：环球陶瓷、陶瓷灯饰、陈设瓷、陶瓷、瓷器。确定网站核心关键词有利于企业开展网站推广活动，围绕核心关键词集中精力推广，有利于提高推广效率，效果较为明显。

（3）优化每一个网页的标签（如Title、Link和Meta）。根据搜索引擎，特别是纯技术型的全文搜索引擎的搜索原理，网页的标签对搜索引擎收录自己的网站是很有帮助的。所以，对于网页标签的优化也尤为重要，并且简单易行。首先是每张页面都要设置好Title，并尽量使每个页面的Title各不相同，在Title中准确表达该页面的主要内容，如首页Title可以为“某某网站”，产品展示页Title为“某某网站——某某产品展示”；其次是页面的Meta标签尽量描述清楚关键字、词和网站描述，不要随意堆放不相关的关键词；最后是每一个链接标签 Link 尽量加上注释，注释词可为链接的文字本身或相关关键词。

（4）争取 10 个以上活跃网站的外部链接。有多少个有效的外部链接数是搜索引擎衡量一个网站的活跃程度的重要标准。企业网站做好之后，尽量让其他一些网站链接到企业网站上来。而且这些网站最好能是具有一定访问量的网站，这样对于企业网站的推广和搜索引擎的有效收录都能起到直接的作用。企业可以通过在其他网站做有偿的文字链接广告或同其他网站互相交换链接等多种形式来实现。

（5）尽可能地将网页静态化处理。对于企业网站首页，可进行定期更新，这样搜索引擎会认为该网站是一个活跃的网站而加以重视。但是对于网站的其他网页，网站应尽量使用静态页面来表述，这是因为静态页面更利于搜索引擎进行页面内容抓取，而使用数据库技术调用的页面内容不利于搜索引擎抓取。

（6）做好网站地图。网站地图除了可以让访问者很快找到他所需要看的内容外，还可以让搜索引擎“顺藤摸瓜”，把网站上所有页面都进行抓取，有利于企业网站被搜索引擎收录，并获得理想的搜索排名。

做好搜索引擎优化工作其实是同企业有效管理自己的网站分不开的，它的指导思想不是去迎合搜索引擎，而是尽最大努力方便访问者，寻找目标客户，迎合的是客户的方便性、高效性。所以我们非常有必要认识到搜索引擎优化工作对于网站推广和网络营销的重要性。它是一项需要长期坚持来做的事情，而不是一劳永逸。

4.5.2　企业网站图片优化

和人的习惯一样，搜索引擎访问一个页面，如果超过 20 秒就会放弃访问，而网页打开的时间很大程度上取决于网页中图片的大小。对于网页图片的 SEO 优化，主要通过减少图片的像素、缩小图片尺寸和降低分辨率来缩小文件。此外，将大图片切割成若干小图片于不同的表格区间内进行拼接，也可以相对加快下载速度。另外，对图片的优化还有“添加 Alt 属性文字”和“图片文字说明”等。通过这些优化方法，可以使搜索引擎根据这些提示搜索到网页上的图片：一是在图片上方或下方加上包含关键词的描述文本；二是在代码中增加一个包含关键词段的 Heading 标题标签，然后在图片下方增加文字描述；三是在图片下方或旁边增加链接，包含关键词。

对图片的优化还是应该尽量减少大图片以及缩短图片的加载时间。Alt 属性中的文字对搜索引擎来说，其重要性比正文内容的文字要低。下面给几点网站网页图片优化建议：

（1）在图片的替代文字中加入关键字。这是优化网站图片的最重要的一点，即 Alt 部分的处理。比如，<img src = "seo-for-everybody. jpg" alt = "SEO for everybody">，但是像上述的代码组合还不算完善，一个标准的图片嵌入代码应当包含哪些元素呢？从 Pearsonified 那里我们得知，它应当包含五个关键性元素：Src、Width、Height、Alt 和 Title。其中当然是 Alt 元素最为关键。比如一张图片，长宽为 239 × 104，那么它规范的 HTML 代码就应当为：<img src = " seo-for-everybody. jpg" width = "239" height = "104" alt = "SEO for everybody" title = "SEO for everybody"/>。

（2）将你的图片取个描述性文件名。如果你有一张图片是关于变形金刚的，那么就应当使用像 transformers. jpg 这样具有描述性质的文件名，而不是使用 t123. jpg 这类只是代号的名字，当然可以使用替换文字作为图片的文件名。

（3）在图片周围添加相关信息。如果你用 Google 搜索图片，会不难发现，在每张图片下会有一段描述性文字，其中关键字用粗体显示。这段描述性文字一般都是位于原文章图片周围，所以在图片周围添加包含关键字的描述信息将可以优化网站图片在搜索引擎中的排名。

（4）使用关键词链接图片。使用超链接打开图片，那么超链接的名字应当包含图片的关键字，比如你要链接一张变形金刚的图片，就不宜使用“点击获得完整尺寸”等链接文字，而应当试着使用诸如“变形金刚玩具大黄蜂”之类的命名形式。

（5）使用 Tag 为图片打上标签。在使用像 Flickr 之类的图片存储服务时，最好为图片加上 Tag。

（6）使用自己的而不是其他网站的图片。

（7）注意图片的尺寸以适应搜索引擎。

本章小结

企业网站是在正确的建站思路下，再结合具有普遍性的建站原理，而不是只在技术上苦苦追求完美，堆砌出华丽却没有实际意义的工艺品。本章主要介绍了网站规划、域名选择和注册、企业网站的功能、以营销为导向的企业网页设计需要注意的问题、企业网站的基本内容、企业网站的优化。在此框架之下，对每一方面的具体标准进行细化，相信大家理论联系实际，一定会成功地建设一个企业网站。

思考题

1. 怎样规划一个企业网站的建设？
2. 为企业选择域名要注意哪些问题？
3. 企业网站要具备哪些功能？
4. 营销企业网站进行网络营销时应注意些什么？
5. 怎样进行企业网站优化？

第5章 搜索引擎营销

【学习目标】掌握搜索引擎营销的基本原理；了解搜索引擎营销的模式与广告策略；了解搜索引擎营销效果的分析体系。

【技能目标】能熟练运用搜索引擎查找信息；查找不同类别的信息时，能找到准确度更高的搜索引擎；运用搜索引擎为企业进行营销宣传；掌握基于搜索引擎的网站优化工作；能运用搜索引擎广告创造效益。

【工作任务】对企业网站进行优化；选择并购买合适的关键词广告；利用搜索引擎为企业开展网络调研活动。

案例导入

美联航空——优化关键词选取，达成机票销量翻番增长

美国联合航空公司（United Airlines）在2007年第一季度期间，充分利用搜索营销手段，在消费者形成机票购买决策前就与之充分互动，将消费者最想预先知晓的机票信息做最有效地传达，在广告预算没有增长的情况下，搜索营销产生的销售业绩增长超过2倍。

美联航空通过调研获知，有65%的消费者在做出旅行决定前，会进行至少3次的搜索；有29%的消费者会进行5次以上的搜索。而用户关注的信息主要体现在三个层面：价格、服务和关于航空公司的详细信息。因此，针对这三个层面的信息，分别对关键词的选择以及结果的呈现方式做了优化，使消费者在决策前知晓相关的信息，从而带动了机票销量的促进。

资料来源：中国电子商务研究中心，http：//b2b. toocle. com/detail－4846884. html。

案例简评

目前，搜索引擎是网民在互联网中获取所需信息的基础应用，目前搜索引擎的使用率为68.0%，在各互联网应用中位列第四。在网络营销的初期，有很多企业如果能在搜索引擎上表现良好，基本就可以认为是营销成功了一大半。所以，开展网络营销的企业，如果能够研究用户使用搜索引擎的习惯，针对用户的特点开展搜索引擎营销，将会事半功倍，从而带动网上和网下利润的增加。

5.1 搜索引擎营销概述

搜索引擎营销是网络营销方法体系的重要内容之一，已成为中小企业网站推广的首要方法。所谓搜索引擎营销，就是根据用户使用搜索引擎的方式，利用用户检索信息的机会尽可能将营销信息传递给目标用户。或者说，企业利用这种被用户检索的机会实现信息传递的目的，就是搜索引擎营销。

5.1.1 搜索引擎的概念

搜索引擎指能够自动从互联网上搜集信息，经过整理以后，提供给用户进行查阅的系统。搜索引擎的工作原理大致如下：

（1）搜集信息。由于互联网上的数据量非常庞大，搜索引擎的信息搜集基本都是自动完成的。搜索引擎利用被称为网络蜘蛛的自动搜索程序来连上每一个网页上的超链接。网络蜘蛛从少数几个网页开始，"爬行"到数据库上的其他所有网络链接。

（2）整理信息。搜索引擎整理信息的过程称为"建立索引"。搜索引擎不仅要保存搜集起来的信息，还要将它们按照一定的规则进行编排。这样，搜索引擎不用重新翻查它所有保存的信息就能迅速找到所要的资料。

（3）接受查询。用户向搜索引擎发出查询，搜索引擎接受查询并向用户返回信息。搜索引擎能够按照每个用户的要求检查自己的索引，在极短时间内找到用户需要的资料，并返回给用户。目前，搜索引擎返回主要是以网页链接的形式提供的，通过这些链接，用户便能到达所需的网页。通常搜索引擎会在这些链接下提供一小段来自这些网页的摘要信息以帮助用户判断此网页是否含有自己需要的内容。

5.1.2 搜索引擎的基本原理和主要类型

通过搜索引擎，当输入关键词后，即刻反馈出相关的信息，但是，不同的搜索引擎其原理是不同的。当使用不同的搜索引擎时，如果留意就会发现，同一关键词在不同搜索引擎中得到的结果是不同的。不仅反馈的信息数量不同，排列位置也会有一定差异，在一个搜索引擎中排名靠前的网站，在另一个搜索引擎中很可能根本没有踪影。也正是因为这种原因，使得用户对某些搜索引擎有所偏爱，而对其他类型的搜索引擎，可能只在特殊情况下才会使用。就目前常用的搜索引擎而言，百度的竞价排名很有特色，而 Google 的关键词广告在全球都处于领先地位，新浪和搜狐搜索的网站付费登录业务也很受欢迎。搜索引擎按工作原理可分为两类：纯技术型的全文检索搜索引擎和分类目录搜索引擎。

（1）纯技术型的全文检索搜索引擎。其原理是通过机器手（即 Spider 程序）到各个网站收集、存储信息，并建立索引数据库供用户查询。需要说明的是，这些信息并不是搜索引擎即时从互联网上检索得到的，通常所说的搜索引擎，其实是一个收集了大量网站/网页资料并按照一定规则建立索引的在线数据库，如 Google 就是典型一例。

（2）分类目录型搜索引擎。这种搜索引擎并不采集网站的任何信息，而是利用各网站向“搜索引擎”提交网站信息时填写的关键词和网站描述等资料，经过人工审核编辑后，如果符合网站登录的条件，则输入数据库以供查询。Yahoo！是分类目录的典型代表，国内的搜狐、新浪等搜索引擎也是从分类目录发展起来的。分类目录的好处是，用户可以根据目录有针对性地逐级查询自己需要的信息，而不是像技术型搜索引擎一样同时反馈大量的信息，而这些信息之间的关联性并不一定符合用户的期望。

实质上，利用机器手自动检索网页信息的搜索引擎才是真正意义上的搜索引擎。现在的大型网站一般都同时具有“搜索引擎”和“分类目录”查询方式。从用户应用的角度来看，无论通过技术型的搜索引擎，还是人工分类目录型的搜索引擎，都能实现自己查询信息的目的，因此习惯上没有必要严格区分这两个概念，而是通称为搜索引擎。只不过为了网络营销的目的，需要针对不同的搜索引擎采用不同的搜索引擎营销策略，才有必要从概念上和原理上给予区分。

5.1.3 搜索引擎营销的基础知识

（1）搜索引擎营销的原理。搜索引擎营销得以实现的基本过程是：企业将信息发布在网站上成为以网页形式存在的信息源；搜索引擎将网站/网页信息收录到索引数据库；用户利用关键词进行检索（对于分类目录则是逐级目录查询）；检索结果中罗列相关的索引信息及其链接 URL；根据用户对检索结果的判断选择有兴趣的信息并点击 URL 进入信息源所在网页。这个过程也说明了搜索引擎营销的基本原理。

因此，在开展搜索引擎营销时，要针对搜索引擎获取信息的特点，构建适合搜索引擎的信息源，也就是网页；对于在搜索引擎上排名不佳的网页要进行优化处理；同时，也要对用户点击链接的行为进行分析，以使得检索出来的结构都能被用户真正打开并能传递出营销信息。

（2）搜索引擎营销的特点。每一种营销或者网络营销的方法都有其自身的特点，搜索引擎营销是建立在搜索引擎技术基础之上的，由于其特点，使搜索引擎营销具有与其他网络营销方法本质的不同。

① 搜索引擎营销具有用户检索的主动性。只有用户对某种信息感兴趣，才有可能主动使用搜索引擎搜索相关的信息，并且点击哪一个链接也由用户自己决定，因此搜索引擎营销具有用户检索的主动性。可以说，站在用户的角度，搜索引擎营销是完全主动的；而站在企业的角度，搜索引擎是完全被动地等待用户检索的，其营销效果完全依赖于用户的点击。

② 搜索引擎营销必须以企业网站等载体为依托。只有建立企业网站或网上店铺等网上载体，开展搜索引擎营销才有意义，才能够产生搜索引擎营销的效果，并最终实现销售收入的提高。

③ 搜索引擎营销只具有传递信息的功能。由于搜索引擎自身的特点，一般出现的结果信息只能对某个网站或网页做简要的介绍，而并不能显示网页的完全信息，因此搜索的结果只能起到一个引导用户对企业网站产生兴趣的作用。

④ 搜索引擎营销有助于实现目标消费群体的定位。由于使用搜索引擎的用户在输入关键字时，就已经很明显地显示了自己的消费喜好和倾向，因此有助于企业搜集、整理、分析

目标消费群体的消费特点等营销信息。

（3）搜索引擎的网络营销功能。

① 提高网站/网页被收录的机会。网站建设完成并发布到互联网上并不意味着自然可以达到搜索引擎营销的目的，无论网站设计多么精美，如果不能被搜索引擎收录，用户便无法通过搜索引擎发现这些网站中的信息，当然就不能实现网络营销信息传递的目的。因此，让尽可能多的网页被搜索引擎收录是网络营销的基本任务之一。

② 搜索结果位置靠前。网站/网页仅仅被搜索引擎收录还不够，还需要让企业信息出现在搜索结果中靠前的位置，这就是搜索引擎优化所期望的结果，因为搜索引擎收录的信息通常都很多，当用户输入某个关键词进行检索时会反馈大量的结果，如果企业信息出现的位置靠后，被用户发现的机会就大为降低，营销效果也就无法保证。

③ 信息获得用户关注。通过对搜索引擎检索结果的观察可以发现，并非所有的检索结果都含有丰富的信息，用户通常并不能点击浏览检索结果中的所有信息，需要对搜索结果进行判断，从中筛选一些相关性最强、最能引起用户关注的信息进行点击，进入相应网页之后获得更为完整的信息。

④ 获取信息方便。用户通过点击搜索结果而进入网站/网页，是搜索引擎营销产生效果的基本表现形式，用户的进一步行为决定了搜索引擎营销是否可以最终获得收益。在网站上，用户可能为了了解某个产品的详细介绍，成为注册用户。

（4）搜索引擎营销的发展阶段。第一阶段（1994 ~ 1997 年），将网站免费提交到主要搜索引擎，代表：Yahoo!；第二阶段（1998 ~ 2000 年），技术型搜索引擎的崛起引发的搜索引擎优化策略，代表：Google；第三阶段（2001 ~ 2003 年），搜索引擎营销从免费向付费模式转变，代表：搜狐；第四阶段（2003 年之后），从关键词定位到网页内容定位的搜索引擎营销方式，代表：Google Adsense。

5.2 搜索引擎营销主要模式

5.2.1 登录分类目录

前面我们已经谈到了，分类目录型搜索引擎并不采集任何网站信息，分类目录的编辑把所有的中文网站资源整理后组织起来，按不同的主题放在相应的目录下，从而形成网站分类目录体系。它的好处是，用户可以根据目录有针对性地逐级查询自己需要的信息。

与全文检索搜索引擎相比，分类目录搜索引擎有许多不同之处。首先，搜索引擎属于自动网站检索，而分类目录则完全依赖手工操作。用户提交网站后，目录编辑人员会亲自浏览其网站，然后根据一套自定的评判标准甚至编辑人员的主观印象，决定是否接纳其网站，所以一些作弊网站在人工审核的条件下是不可能被收录的，它收录的网站更加真实可靠。其次，搜索引擎收录网站时，只要网站本身没有违反有关的规则，一般都能登录成功。而目录索引对网站的要求则高得多，有时即使登录多次也不一定成功。尤其像 Yahoo！这样的超级索引，登录更是困难。再其次，在登录搜索引擎时，一般不用考虑网站的分类问题，而登录目录索引时则必须将网站放在一个最合适的目录下。最后，搜索引擎中各网站的有关信息都是从用户网页中自动提取的，所以从用户的角度看，拥有更多的自主权，而分类目录则要求必须手工另外填写网站信息，而且还有各种各样的限制。更有甚者，如果工作人员认为你提交网站的目录、信息不合适，他可以随时对其进行调整，当然事先是不会和你商量的。

(1) 分类目录对网络营销的主要价值。分类目录对网络营销的主要价值体现在：一是通过分类目录获取网站的基本信息的真实性相对较高；二是分类目录中的网站信息作为行业分析和竞争者分析的样本来源；三是分类目录对网站推广的价值；四是分类目录对网站 PR 值（PageRank 网页级别）的价值。

(2) 分类目录对用户获取信息的缺点。相对于纯技术型的全文检索搜索引擎而言，主要表现在：一是用户需逐级点击目录，但并不一定会发现自己需要的信息；二是收录的网页数量有限；三是难以在大量同类网站中尽快获得有价值的信息，更无法获得准确信息；四是有些网站并不登录分类目录；五是网站信息无法得到及时更新，网站信息有效性低，这是分类目录致命的缺陷。

分类目录型搜索引擎是最传统的网站推广手段。目前多数重要的搜索引擎都已经开始收费，只有少数搜索引擎可以免费登录。但网站访问量主要来源于少数几个重要的搜索引擎，即使登录大量低质量的搜索引擎，对网络营销的效果也没有太大意义。搜索引擎的发展趋势表明，免费搜索引擎登录的方式已经逐步退出网络营销舞台。登录付费分类目录一般与网站设计本身没有太大关系，主要取决于费用，只要缴费，一般情况下就可以被登录，但正如一般分类目录下的网站一样，这种付费登录搜索引擎的效果也存在日益降低的问题。

5.2.2 搜索引擎优化

搜索引擎优化是网站优化的组成部分，是通过网站栏目结构、网站内容、网站功能和服务、网页布局等网站基本要素的合理设计，使得用户更加方便地通过搜索引擎获得有效信息。

对搜索引擎友好网站的基本特征为：

(1) 为每个网页设置一个相关的标题。

- 6~10 个汉字，最好不要超过 30 个汉字；
- 应概括网页的核心内容；
- 含有丰富的关键词。

(2) 尽量使用静态网页。

- 在页面中以文字信息为主，而不是以图片或 Flash 为主；
- 重视外部网站链接的数量和质量；
- 为搜索引擎访问网站提供方便；
- 正确处理各种关键词的优化关系，例如网页标题、网页主体内容、图片 Alt 属性、Meta 标签等。

武汉商贸职业学院经济学院电子商务实训平台网站（www.91ec.com.cn）在对网站设计时充分考虑了网页标题、Meta 标签、图片 Alt 属性。对网站的优化，本身就是对搜索引擎推广的优化，如图 5-1 所示。

网页的源代码中，关键词优化的代码为：

图5－1　武汉商贸职业学院经济学院电子商务实训平台首页

<title>武汉商贸网【武汉商贸电商学生实训平台网】</title> <meta http-equiv=" Content-Language" content=" zh-cn" > </head> <META content=多多校园，校园店铺，校园二手，大学，大学生，大学校园，大学论坛，校园淘宝，校园二手，校园二手市场，店铺，二手，店铺程序，二手程序，二手代码，店铺代码，电子商务，校园电子商务，个人店铺，网络店铺，校园兼职，校园房屋，租房，兼职，电脑，通讯，生活，时尚，图书，电子，兼职，房屋，淘宝，网上购物，购物，联盟，买，卖，1元，一元，电脑，视听，MP3，MD，CD，VCD，DV，耗材，化妆，相机，数码，配件，珠宝，手表，艺术，宠物，求购，出租，出售，二手，汽车，音响，保健，讨价还价，一口价，拍卖，auction,sell,buy,price,bid name=keywords> <a href="http://www.91ec.com.cn/reg.asp" target="_blank"> <img src="adimg/111111.gif" width="110" height="31" title=开店请与电商协会联系，通过审核！border="0" > </a> </div> <SCRIPT LANGUAGE="JavaScript">

Meta标签的部分在网页浏览的时候是不显示的，而在网页上做了这些代码，技术型搜索引擎的机器手在爬行的时候就会很容易抓取你的网页，进一步收录进来。而图5－1的网页中"现在就开店"下面的"开店请与电商协会联系，通过审核!"，这些字眼也只在鼠标移到该图片上时，才会显示，但是对搜索引擎却特别的友好，这些工作作为一个网页设计人员来说是微不足道的，却可以给网站带来许多来自于搜索引擎的浏览量，何乐而不为呢？

但是我们也不能随意地堆砌一些关键词在网页中，毕竟搜索引擎营销是建立在为用户传递有价值信息的基础上的，一些欺骗的行为一旦被搜索引擎发现，会带来很恶劣的后果，如Google在举报的垃圾信息的表单中列出了下列几项内容：隐藏的文字或链接；容易误解或堆积的词汇；与Google检索不匹配的网页；伪装的网页；欺骗性的网址重新指向；专门针对搜索引擎的入门网页；复制的网站或网页。

5.2.3 付费关键词广告

关键词广告是付费搜索引擎营销的主要模式之一，也可称为搜索引擎广告、付费搜索引擎关键词广告等，自2002年之后是网络广告中市场增长最快的网络广告模式。当用户利用某一关键词进行检索时，在检索结果页面会出现与该关键词相关的广告内容。由于关键词广告具有较高的定位，其效果比一般网络广告形式要好，因而获得快速发展。

5.2.4 关键词竞价排名

关键词竞价排名是一种按效果付费的网络推广方式，由百度在国内率先推出。企业在购买该项服务后，通过注册一定数量的关键词，其推广信息就会率先出现在网民相应的搜索结果中。每吸引一个潜在的客户，企业只需要为此支付最低3毛钱的费用。竞价排名属于许可式营销，它让客户主动找上门来，只有需要的用户才会看到竞价排名的推广信息，因此竞价排名的推广效果具有很强的针对性；竞价排名按照效果付费，根据给企业带来的潜在客户访问数量计费，没有客户访问不计费，企业可以灵活控制推广力度和资金投入，投资回报率高。

5.2.5 网页内容定位广告

网页内容定位广告是基于网页内容定位的网络广告，是关键词广告搜索引擎营销模式的进一步延伸。广告载体不仅仅是搜索引擎搜索结果的网页，也延伸到这种服务的合作伙伴的网页。

搜索引擎Google于2003年3月4日宣布，从3月12日开始，Google将正式推出按内容定位的广告，这项服务从2003年2月底已经开始向关键词广告客户提供免费试用。按照Google的说明，这项服务是将通过关键词检索定位的广告显示在Google之外的相关网站上，例如，当用户在Google的合作伙伴Howstuffworks. com网站上浏览有关DVD工作原理的网页时，在网页的左边会出现一个赞助商的关键词检索链接广告区域，出现有关DVD的网站介绍和链接，这些广告内容是不断更新的。

网页内容定位的网络广告可以做到的并不仅仅是将关键词检索广告增加一种显示方式。由于大大拓展了广告投放的空间，增加了被用户浏览的机会，实际上已经超出了关键词检索的基本形态，如果Google愿意，它可以采用像亚马逊那样的会员制营销模式，让全世界数以百万计的网站都成为Google网页内容定位广告的载体。

5.3 搜索引擎营销广告策略

在竞争激烈的行业中，大量的企业网站都是在争夺搜索引擎检索结果中有限的用户注意力，很多企业都会受到搜索引擎自然检索推广效果的制约，因此企业的搜索引擎营销策略往往是各种搜索引擎营销方法的组合。

5.3.1 搜索引擎营销广告的基本要素

（1）产品卖点、市场定位、市场号召力。我们先不谈企业的远景、信念，也不谈市场定位，而要先谈产品卖点，在搜索引擎上推销的是产品本身，而不是企业。很多营销人员在广告投放时忽略了这一点，企业营销人员必须先要考虑本企业的产品和同类产品相比，有什么不一样的地方？它到底好在哪里？是价格合适还是性能更优越？本企业的产品在哪几个角度上能够解决掉客户的什么问题？是如何解决掉这些问题的？产品卖点的提炼，是未来客户选择产品的优先级，价格只是一个次因素，他会首先考虑这个产品能为自己解决掉什么问题。而市场定位是架构其上的，能够找出更好的卖点，才能够清楚地知道客户到底需要什么，产品又该准确地、具体地、旗帜鲜明地服务哪些人群。

企业营销人员还需要提出这样一个问题：市场号召力。抛开商业目标，只考虑客户需要什么，如何能够在未来客户中间产生号召力，让客户感觉本企业有一种公信力，本企业的产品在售后服务上更有保障，那么企业的产品在同类产品中就某一些特性更具有影响力和普遍性。这是一种微妙的心理作用，这将决定本企业，能否成为市场中的领导品牌，获得大规模的客户。

（2）选择更准确的关键词以获得更好的广告效果。

① 品牌关键词。每一个公司及其下面的子公司、经销商，都有自己的名字和宣传口号、广告主张，可是有一个奇怪的现象，当人们在网上搜索这个品牌的时候，往往会跑到经销商、代理商的网站上去，这一点没有多少人重视过。

② 销售关键词。要仔细地研究顾客到底在网上寻找什么，再据此设计关键词以及引导网页。比如我是卖毛巾的，那就不能只考虑“毛巾”这个关键词，这意味着你一旦在搜索引擎上开始做广告，就有大量的同行与你竞争。你要设法避开竞争，选择最准确的客户进行开发。比如“宾馆毛巾”、“美发店毛巾”，想想你的客户都集中在哪些领域，制作几个专门针对不同类型客户的网页，进行定向的广告投放。

（3）将点击广告的未来客户变成消费者。广告就是广告，必须注意广告的成本，从访问者看到广告一直到达成销售的过程，需要进行研究，怎么让未来客户更容易心动，更容易立即作出购买的决定，并且对企业产品或服务产生足够深的印象，有许多细节需要详加思索，不断改善。例如，在投放搜索引擎广告时，会有两种方式：一种是直接在搜索引擎上投放，当有人查询“卡车”这个词时，他对卡车肯定有足够的兴趣，是为了了解“卡车”而主动查询的；另一种是搜索引擎服务商所提供的上下文广告，或称之为联盟广告，投放在其他网站上，但是这种广告的效果就要差很多，人们只是在访问那些网站时，“偶然”地出于好奇或其他原因点击广告，他们并非为了找东西而去专门看广告。主动查询与偶然点击，双方的购买兴趣差别很大。

完成一次推销需要和未来客户进行七次以上接触，他才能够熟悉你、信任你，并决定购买。这就意味着网上的消费者平均要点击你的七次广告，才能产生一个客户，但大部分人只会点击一两次广告，因而，实际是 $7 \times 7 = 49$ 次，每 49 次广告点击才能够完成一名客户的完整开发。如果不进行深入研究，这个成本浪费是很大的，你网站的角色更应该像是一名自动导购员，你的广告描述销售措辞、网站的销售部署、产品的推荐演示策略将决定着你最终是在大批浪费广告成本，还是在快速促成销售。

5.3.2 付费搜索引擎广告

5.3.2.1 搜索引擎关键词广告的特点

以关键词广告为代表的付费搜索引擎市场之所以受到企业欢迎，主要取决于竞价排名模式自身的特点。归纳起来，包括百度竞价排名在内的各种关键词广告模式具有下列特点：

（1）用户定位程度高。由于推广信息出现在用户检索结果页面，与用户获取信息的相关性强，因而搜索引擎广告的定位程度远高于其他形式的网络广告。而且，由于用户是主动检索并获取相应的信息，具有更强的主动性，更加符合网络时代用户决定营销规则的思想。

（2）按每次点击付费，推广费用较低。按每次点击付费（CPC）是搜索引擎关键词广告模式最大的特点之一，对于用户浏览而没有点击的信息，将不必为此支付费用。相对于传统网络广告按照千人印象数（CPM）收费的模式来说，更加符合广告用户的利益，使得网络推广费用大大降低，而且完全可以自行控制，改变了网络广告只有大型企业才能问津的状况，成为小型企业自己可以掌握的网络营销手段。目前百度竞价广告排名每次点击的最低费用为0.3元，Google关键词广告甚至没有最低消费的限制。当然如果达不到一定的点击费用，你的推广信息可能不会出现在搜索结果中。

（3）广告预算可自行控制。除了每次点击费用之外，用户还可以自行设定每天、每月的最高广告预算，这样就不必担心选择过热的关键词而造成广告预算的大量增加，或者其他原因使得预算过高，并且这种预算可以方便地进行调整，为控制预算提供了极大方便。

（4）关键词广告形式简单，降低制作成本。关键词竞价的形式比较简单，通常是文字内容，包括标题、摘要信息和网址等要素，关键词不需要复杂的广告设计，因此降低了广告设计制作成本，使得小企业、小网站甚至个人网站、网上店铺等都可以方便地利用关键词竞价方式进行推广。

（5）关键词广告投放效率高。关键词广告推广信息不仅形式简单，而且整个投放过程也非常快捷，大大提高了投放广告的效率。

（6）广告信息出现的位置可以进行选择。在进行竞争状况分析的基础上，通过对每次点击价格和关键词组合的合理设置，可以预先估算推广信息可能出现的位置，从而避免了一般网络广告的盲目性。

（7）广告信息可以方便地进行调整。出现在搜索结果页面的推广信息，包括标题、内容摘要、链接URL等都是用户自行设定的，并且可以方便地进行调整，这与搜索引擎自然检索结果中的信息完全不同。自然检索结果中的网页标题和摘要信息取决于所搜引擎自身的检索规则，用户只能被动适应。如果网页的搜索引擎友好性不太理想，则显示的摘要信息对用户没有吸引力，将无法保证推广效果。

（8）可引导潜在用户直达任何一个期望的目的网页。由于关键词广告信息是由用户自行设定的，当用户点击推广信息标题链接时，可以引导用户来到任何一个期望的网页。在自然检索结果中，搜索引擎收录的网页和网址是一一对应的，即摘要信息的标题就是网页的标题（或者其中的部分信息），摘要信息也是摘自该网页，而关键词广告中可以根据需要设计更有吸引力的标题和摘要信息，并可以让推广信息链接到期望的目的网页，如重要产品页面等。

（9）可以随时查看广告效果统计报告。当购买了关键词竞价排名服务之后，服务商通常会为用户提供一个管理入口，可以实时在线查看推广信息的点击情况以及费用，经常对广告效果统计报告进行记录和分析，对于积累竞价排名推广的经验、进一步提高推广效果具有积极意义。

（10）关键词广告推广与搜索引擎自然检索结果组合将提高推广效果。一般的网站不可能保证通过优化设计使得很多关键词都能在搜索引擎检索结果中获得好的排名，尤其是对于一个企业拥有多个产品线时，这时采用关键词广告推广是对搜索引擎自然检索推广的有效补充。

此外，利用多种搜索引擎营销组合策略占据有限的搜索结果推广空间，也是一种合理的竞争方式。

5.3.2.2 Google 关键词广告

Google AdWords 是一种快速简单的购买广告服务的方式，这种广告服务的针对性强，无论企业的推广预算是多少，它都按每次点击付费。AdWords 广告随搜索结果一起显示在 Google 上，这些广告还会显示在不断扩大的 Google 联网中的搜索网站和内容网站上，包括 AOL、EarthLink、HowStuffWorks 和 Blogger。每天都有为数众多的用户在 Google 上进行搜索，并在 Google 联网上浏览网页，因此，大量的用户将看到企业的 Google AdWords 广告。

当企业制作 Google AdWords 广告时，需要选择触发企业的广告的关键字，并指定企业愿意为每次点击支付的最高金额。仅当有人点击企业的广告时，企业才需要付款。为了帮助企业进一步节省开支，Google 的 AdWords 折扣器会自动降低实际的每次点击费用，即降低到在搜索结果页上保持企业的广告排名所需支付的最低费用。

没有最低月收费，只需一笔很少的启动费。在企业提交结算信息后的几分钟内，企业的广告就会开始投放。使用在线账户控制中心中的报告能够轻松地跟踪企业的广告的效果。

Google 关键词广告的策划闪光点：（1）关键词广告点击率比网幅广告（Banner）高；（2）关键词广告价格比较低廉；（3）操作不复杂但国内企业存在财务方面的麻烦；（4）关键词广告是实时显示的。

5.3.2.3 Google 广告联盟

在浏览一些网站时，会看到“Google 提供的广告”，这些广告有多种规格，通常是文字广告或者少量图片广告，这种网站展示的 Google 广告就是通过加入 Google 广告联盟实现的，即一个网站申请加入 Google 广告联盟，获得批准后将广告代码设置到网页的合适位置上，这样当用户访问该网页时就会出现与网页内容有一定相关性的“Google 提供的广告”，当有用户点击广告时，网站主就可以获得一定数量的广告点击佣金收益。这种 Google 广告联盟的正式名称是 Google AdSense，或者说 Google AdSense 就是 Google 广告联盟（不过 Google 官方网站并没有使用广告联盟这一术语），是 Google 为加盟网站提供的一种将网站访问量转化为收入的网络赚钱模式。

5.3.2.4 百度竞价排名的广告策略

企业在购买该项服务后，通过注册一定数量的关键词，其推广信息就会率先出现在网民相应的搜索结果中。如企业在百度注册“电气设备”这个关键词，当消费者寻找“电气设备”的信息时，企业就会优先被找到，并且百度按照给企业带去的潜在客户访问数收费。

百度竞价排名的优势为：

（1）全球最大中文网络营销平台，覆盖面广。百度是全球最大中文搜索引擎，覆盖95%的中国网民，每天有超过2亿次搜索，是最具价值的企业推广平台。

（2）良好的品牌效应。百度竞价排名被评为“2005年度最佳网络营销服务”，是中小企业值得信赖的网络营销服务平台。

（3）真正按效果付费，获得新客户平均成本低。按照给企业带来的潜在客户访问数量计费，没有客户访问不计费。为企业提供详尽、真实的关键词访问报告，企业可随时登录查看关键词在任何一天的计费情况，企业可根据自身需求，灵活控制推广力度和资金投入，充分利用每一分钱。

（4）针对性极强。对企业产品真正感兴趣的潜在客户能通过有针对性的“产品关键词”直接访问到企业的相关页面，更容易达成交易。帮助企业获得大量业务咨询电话、传真、邮件，让客户主动找到企业的相关信息。

（5）推广关键词不限。企业可以同时免费注册多个关键词，数量不限。让企业的每一种产品和服务都有机会被潜在客户发现，获得最好的推广效果。

（6）显著的展示位置。企业的广告被投放在百度搜索结果页显著的位置，潜在客户第一眼就能看到企业的广告信息。

（7）全程贴心服务，全程技术保障。企业免费注册的关键词审核、网站发布时间不超过2天。

（8）支持各种服务功能。企业可根据限定区域或省市作推广计划，只有指定地区的用户在百度搜索引擎平台上搜索企业注册的关键词时，才能看到企业的推广信息，为企业节省每一分推广资金。如为了帮助用户控制推广费用，百度为用户开设了每日最高消费限定的功能。设置该功能后，企业在百度的消费额当天达到它设定的每日最高消费限额时，则所有的关键词将暂时搁置，但当天晚上零点过后这些被搁置的关键词会重新生效。百度竞价排名不仅可以随时为每个注册的关键词手工设定竞价价格，还设有自动竞价功能，此功能将根据企业设定的最高价，自动地将关键字挑选一个最合适的位置，关键字的实际点击价仅比下一名的竞价价格高1分钱。同时，百度竞价排名还为企业提供完善的关键字后台管理，可以自行管理企业账户的情况，也可委托百度竞价排名专业服务团队管理企业的账户。

5.3.3 怎样选择关键词

在传统搜索引擎优化时代，关键词的选择意味着在搜索引擎中的排名先后，同时也在一定程度上反映了一个网站的品牌形象，因为如果一个知名企业的网站在搜索引擎中排名很靠后，甚至根本无法通过搜索引擎检索到，显然会对企业形象造成一定影响，但在按照付费多少决定搜索引擎中网站排名的新规则下，关键词的选择则意味着支付费用的多少，并且与最终的营销效果直接相关，因此至少应在以下几个方面给予足够重视：关键词的通用性、期望的排名、关键词数量、基本关键词。

（1）关键词的通用性。在购买关键词广告时，是选择通用词汇还是专用词汇？当然，通用词汇的威力更大一些，如“办公家具”和“家具”哪个更好？当然是“家具”，但通用词汇的价格要相对较高，如果希望广告显示的时间长一些，要计算好自己的营销预算。

（2）期望的排名。如果你希望在关键词检索的结果页面排名第一，当然，要比后几名付出更多一些的代价，因为收费的关键词广告所比的就是谁支付更多的费用，和网站的专业化水平没有直接关系。不过排名第一并不见得最终一定会有很好的效果，如果网站基础工作没做好，或者产品本身不受欢迎，那么无论花多大代价来购买关键词，即使获得很大的访问量，同样没什么意义。因此，是否排名第一不是最重要的，关键是网站本身的质量。

（3）关键词数量。关键词有一定的分散性，除非是特别专业的行业和产品，一个关键词往往吸引不到很多的点击量，比较理想的是，选择几个主要的关键词，为了考察各个关键词的表现，可以考虑在一定时期内实行“关键词轮换”，如果期望在短期内获得较多的访问者，也不妨同时购买若干个关键词，这些仍然取决于营销目标和预算。

（4）基本关键词。在搜索引擎优化时期，公司名称或者品牌名通常是必不可少的“基本关键词”，而在收费关键词广告中，不一定需要这些“基本关键词”，关键看用户通常利用哪些关键词来进行检索。如果有前期的统计资料参考，当然最好不过，对于一个新发布的网站，就需要进行一定的用户调查才行，因为凭空想象的关键词并不一定是最理想的，即使不浪费金钱也会浪费时间，并且让营销人员产生挫败感。新观察的研究表明，关键词有一定的分散性，除非是特别专业的行业和产品，一个关键词往往吸引不到很多的点击，比较理想的是，选择几个主要的关键词，为了考察各个关键词的表现，可以考虑在一定时期内实行“关键词轮换”，如果期望在短期内获得较多的访问者，也不妨同时购买若干个关键词，这些仍然取决于营销目标和预算。

5.3.4 付费搜索引擎广告的计价方式

（1）每千人印象数成本（CPM，Cost Per Mille，或者 Cost Per Thousand，Cost Per Impressions）。网上广告收费最科学的办法是按照有多少人看到企业的广告来收费。按访问人次收费已经成为网络广告的惯例。CPM 指的是广告投放过程中，听到或者看到某广告的每一千人平均分担到多少广告成本，传统媒介多采用这种计价方式。在网上广告，CPM 取决于“印象”尺度，通常理解为一个人的眼睛在一段固定的时间内注视一个广告的次数。比如说一个网幅广告（Banner）的单价是 1 元/CPM 的话，意味着每一千个人次看到这个 Banner 的话就收 1 元，如此类推，10 000 人次访问的主页就是 10 元。

至于 CPM 的收费究竟是多少，要根据主页的热门程度（即浏览人数）划分价格等级，采取固定费率。国际惯例是 CPM 收费从 5 美元至 200 美元不等。

（2）每次点击付费（CPC，Cost Per Click；Cost Per Thousand Click-Through）。以每点击一次计费。这样的方法加上点击率限制可以加强作弊的难度，而且是宣传网站站点的最优方式。但是，此类方法就有不少经营广告的网站觉得不公平，比如，虽然浏览者没有点击，但是他已经看到了广告，对于这些看到广告却没有点击的流量来说，网站成了白忙活。有很多网站不愿意做这样的广告。

（3）每行动成本（CPA，Cost Per Action）。CPA 计价方式是指按广告投放实际效果，即按回应的有效问卷或订单来计费，而不限广告投放量。CPA 的计价方式对于网站而言有一定的风险，但若广告投放成功，其收益比 CPM 的计价方式要大得多。广告主为规避广告费用风险，只有当网络用户点击付费搜索引擎广告，链接广告主网页后，才按点击次数付给广告站点费用，因此，广告主将成本风险转移给了网站，若网络用户并未进入广告主页，则搜索引擎的推广便不会向广告主收费。

（4）每回应成本（CPR，Cost Per Response）。CPR 以浏览者的每一个回应计费。这种广告计费充分体现了网络广告"及时反应、直接互动、准确记录"的特点，但是，这个显然是属于辅助销售的广告模式。对于那些实际只要亮出名字就已经有一半满足的品牌广告要求，大概所有的网站都会给予拒绝，因为得到广告费的机会比 CPC 还要渺茫。

（5）每购买成本（CPP，Cost Per Purchase）。CPP 的付费模式要求网络用户点击搜索引擎广告并进行在线交易后，才按销售笔数付给广告站点费用。无论是 CPA 还是 CPP，广告主都要求发生目标消费者的"点击"，甚至进一步形成购买，才予付费；CPM 则只要求发生"点击"（或称"展露"、"印象"），就产生广告付费。

（6）包月方式。很多国内的网站是按照"一个月多少钱"这种固定收费模式来收费的，这对客户和网站都不公平，无法保障广告客户的利益。虽然国际上一般通用的网络广告收费模式是 CPM 和 CPC，但在我国，一个时期以来的网络广告收费模式始终含糊不清，网络广告商们各自为政，有的使用 CPM 和 CPC 计费，有的干脆采用包月的形式，不管效果好坏，不管访问量有多少，一律一个价。尽管现在很多大的站点多已采用 CPM 和 CPC 计费，但很多中小站点依然使用包月制。

（7）按业绩付费（PFP，Pay-For-Performance）。PFP 是一项基于在线市场服务的新业务，与公司传统的在线广告模式相比，此项新业务具有更高的投资回报。对发布商来说，如果浏览者不采取任何实质性的购买行动，就不可能获利。基于业绩的定价计费基准有点击次数、销售业绩、导航情况等，不管是哪种，可以肯定的是这种计价模式将得到广泛的采用。即便如此，并不意味着 CPM 模式已经过时。相反，如果厂家坚持这样做，那么受到损失的只会是它自己。一位资深分析家就指出，假如商家在谈判中不能灵活处理，而坚持采取业绩模式，它将失去很多合作的机会，因为目前许多网站并不接受这种模式。

（8）TMTW 来电付费。即展示不收费，点击不收费，只有接到客户有效电话才收费。

（9）其他计价方式。某些广告主在进行特殊营销专案时，会提出以下方法个别议价：一是 CPL（Cost Per Leads），以搜集潜在客户名单多少来收费；二是 CPS（Cost Per Sales），以实际销售产品数量来换算广告刊登金额。

总之，网络广告本身有自己的特点，如果单单只是利用一些花哨的名词并不能解决网络营销的实际问题，一个网站要具备广告价值是一个长期积累的过程。在目标市场定位以后，根据不同的网站内容来进行流量的估算，就能在一定时间内估算出一个合适的预算，并在此基础上进行分析计算，那么不论采取何种付费方式都能达到较好效果。

相比而言，CPM 和包月方式对网站有利，而 CPC、CPA、CPR、CPP 或 PFP 则对广告主有利。目前，比较流行的计价方式是 CPM 和 CPC，最为流行的则为 CPM。

5.3.5 搜索引擎关键词广告存在的问题

(1) 关键词广告中无效点击比例过高。无效点击是搜索引擎广告中最突出的问题之一。无效点击包括恶意点击和非目标用户的无意点击。

恶意点击有几种原因：第一种原因是竞争者所为，目的是消耗完对手的预算费用后广告不再显示，以获得自己的广告排名上升；第二种原因是来自搜索引擎广告联盟网站，它们为了获得每次点击的广告佣金而自己实施广告点击行为；第三种原因则可能来自搜索引擎营销代理服务商，由于部分搜索引擎竞价排名服务商给代理商的佣金来自用户所投入的费用，用户的竞价排名广告被点击越多，服务商可以获得更多的收益。关键词每次点击价格越高则点击欺诈越严重，而且通过搜索引擎广告代理商投放的广告点击率比用户直接投放广告明显更高一些。恶意点击提高了广告用户无效投入的成本，使得企业蒙受经济损失，甚至失去对竞价排名推广模式的信任，也引起了一些因搜索引擎广告带来的法律纠纷。

用户的无意点击造成的无效点击，则主要是因为竞价排名信息与用户期望的信息不一致所造成的。比如用户希望获取关于数码相机的知识而非打算购买产品，但在检索结果前列的是数码相机厂商的推广信息，用户点击之后并没有获得自己期望的信息，但厂家也要为这样的点击付费。

据国外专业媒体报道，恶意点击者通常使用一些被称为 Hitbot 的软件自动点击广告，现在投放各类搜索引擎竞价排名服务商都表示，会采取相应的技术手段识别，对于这些恶意点击将不会收取用户的费用。但实际上要完全排除恶意点击是不太可能的。而对于用户无意点击造成的无效点击，可以合理推测，却没有办法杜绝，而且竞价排名信息越是靠前，这种无效点击的比例就可能越大。

(2) 广告信息与自然检索结果可能对用户获取信息产生误导。对于网络营销专业人士而言，识别搜索引擎自然检索结果和关键词广告信息并不难。但对于大多数互联网用户而言，可能并不清楚两者的区别。这是搜索引擎营销中值得注意的一个现象。

由于搜索引擎服务商在搜索结果中将付费网站的信息排名靠前或者用其他不合理的方式使得用户难以分辨自然搜索结果与付费广告的区别，从而对用户形成信息误导，针对这一现象，研究人员提出了这样一个值得思考的问题：如果在搜索结果中付费广告信息和自然搜索结果并存，用户在分不清两者差异的情况下对广告链接所进行的点击行为是否真正可以称得上有效点击？或者说，这种点击在多大程度上对企业是真正有价值的？对付费搜索引擎广告用户的投资回报率产生多大影响？对于一般用户来说，这种状况对用户通过搜索引擎获取有效信息产生了哪些影响？这些相关问题已经成为付费搜索引擎营销策略必须考虑的内容。

(3) 专业的搜索引擎关键词广告投放和管理并非易事。尽管关键词广告推广信息看起来并不复杂，无非是简单的标题和摘要信息，但实际上真正有效的竞价排名广告并不是表面看到的这么简单。因为除了推广信息的设计之外，还包括关键词的选择（即用户通过那些关键词检索时期望自己的广告信息出现在搜索结果页面）、关键词管理、预算设置、每次点击费用的选择、对广告展示和点击情况的统计分析等。在这些内容中，通常需要拥有丰富的经验才能处理好每个环节。例如对于关键词的选择，由于用户检索行为非常分散，很容易完全把握用户的行为特征，不仅要对用户检索习惯进行研究，同时还需要分析竞争者的状况，这些工作对初次接触竞价排名推广模式的市场人员还是有一定的难度。对于关键词管理和效果分析则可能需要更多的经验和专业知识。以 Google 关键词广告为例，仅在 Google AdWords 支持页面（http://adwords. google. com/support/? hl = zh_CN）提供的常见问题解答条目就超过 400 个，这些问题未必都包括营销人员所希望了解的全部问题，或者有些问题解释有不够详尽之处。作为 Google 关键词广告的非专业人员，要马上了解这么多问题显然不是很容易的事情，要精通 Google 关键词广告更非短时间可以做到。学习也是有成本的，有时这种成本可能更高。

（4）关键词广告每次点击费用在不断上涨。由于越来越多的企业加入到搜索引擎广告推广的行列，为了在有效的展示空间中获得用户尽可能高的关注，许多企业纷纷采用增加每次点击费用的方式期望获得好的排名，这就使得搜索引擎竞价排名费用在不断上涨。艾瑞咨询（iResearch）根据 2009 年 3 月美国市场研究公司 eMarketer 发布的北美地区搜索引擎广告费用的数据发现，2007 ~2013 年，北美地区的搜索引擎广告费用呈稳步增长态势。数据显示，2008 年北美地区搜索引擎广告费用是 135 亿美元，预测后续 5 年的年均增长率为 13.6%，2013 年有望达到 261 亿美元。

竞价排名营销模式的低成本优势是相对的，实际上，有些热门关键词每次点击价格非常昂贵，已经到了不可思议的地步。美国一家专门跟踪 Google 广告关键词价格的网站 googlest. com 对高价关键词的研究发现，有些关键词广告每次点击的价格高达 300 多美元，这种天价广告是否能获得合理的投资收益率还是一个很大的疑问。可见，随着竞价排名竞争的激烈，尤其是一些营销预算雄厚的大公司加入到这个行列之后，竞价排名推广的低成本优势将逐渐消失，这对大量中小企业来说不是好的信号。

5.4 长尾理论对搜索引擎营销策略的意义

长尾理论对用户的关键词检索行为及效果转化有很好的解释，对制定有效的搜索引擎营销策略具有积极意义。比如，用户通过搜索引擎检索的所有关键词中，50% 的关键词产生了 80% 的访问量。是不是另外 20% 的访问量就不值得花费精力关注了呢？事实可能正好相反，因为另外仅带来 20% 访问量的关键词可能转化率更高。这与 20/80 定律所解释的含义是截然不同的。显然，我们有必要对长尾理论及其对搜索引擎营销的意义做更详细的探讨。

长尾理论的基本原理是：只要存储和流通的渠道足够大，需求不旺或销量不佳的产品所共同占据的市场份额可以和那些少数热销产品所占据的市场份额相匹敌，甚至更大。即众多小市场会聚成可与主流大市场相匹敌的市场能量。

下面是部分研究者所给出的长尾示意图：图 5 - 2 表明了主体和长尾巴对总量之间的关系；图 5 - 3 为搜索引擎观察网站（searchenginewatch. com）资深搜索引擎营销专家丹尼·苏利文（Danny Sullivan）对用户利用 100 个关键词通过 Overture 检索时为网站带来的访问量情况。

从图 5 - 2 和图 5 - 3 中可以看出，与 20/80 定律不同是，长尾理论中“尾巴”的作用是不能忽视的，经营者不应该只关注头部的作用。长尾理论已经成为一种新型的经济模式，被

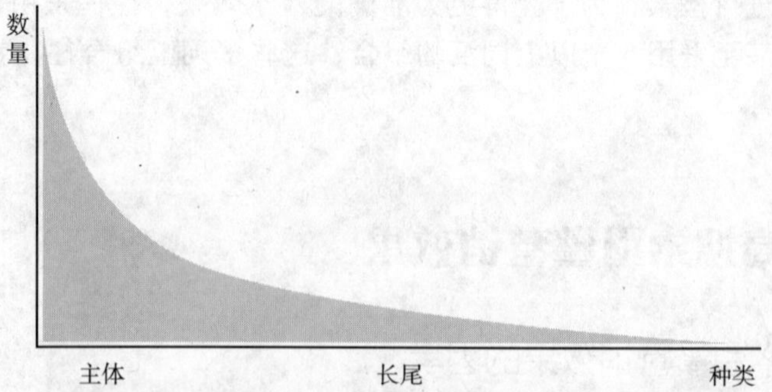

图 5-2　主体和长尾巴与总量之间的关系

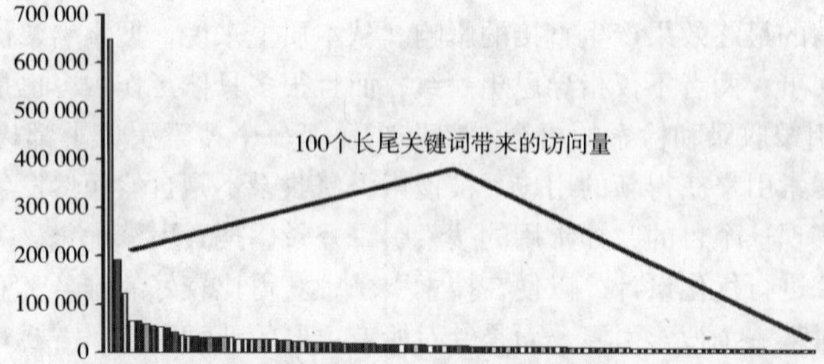

图 5-3　100 个关键词通过 Overture 检索时为网站带来的访问量

成功应用于网络经济领域。举例来说，Google 就有效地利用了长尾策略。Google 的 AdWords 广告使得无数中小企业都能自如投放网络广告，而传统的网络广告投放只是大企业才能涉足的领域。其 AdSense 广告又使得大批中小网站都能自动获得广告商投放广告。AdWords 和 AdSense 因此汇聚成千上万的中小企业和中小网站，其产生的巨大价值和市场能量足以抗衡传统网络广告市场。如果 Google 只是将市场的注意力放在 20% 的大企业身上，那么也很难创造现在的辉煌了。同样，网上零售巨人亚马逊的商品包罗万象，而不仅仅是那些可以创造高利润的少数商品，结果证明，亚马逊模式是成功的，而那些忽视长尾，仅仅关注少数畅销商品的网站经营状况并不理想。

长尾理论对于搜索引擎营销中的关键词策略非常有用。虽然少数核心关键词或通用关键词可以为网站带来可能超过一半的访问量，但那些搜索人数不多然而非常明确的关键词的总和，即长尾关键词同样能为网站带来可观的访问量，并且这些长尾关键词检索所形成的顾客转化率更高，往往也大大高于通用关键词的转化率。比如，一个利用通用词汇“律师”进行检索到达网站访问者与一个搜索“北京商标权纠纷律师”到达网站的访问者相比，后者更加容易转化成该网站的客户。这也就是研究用户关键词检索行为分散性以及分散关键词策略的价值所在。

有些研究文章认为，关键词“长尾”为网站所带来的 20% 的访问量创造了网站 60% 的收益，对这个数字当然是很难考证的，但至少可以肯定的是，把注意力完全集中在少数热门关键词上是远远不够的。何况用户利用搜索引擎关键词检索的行为研究表明，大部分用户并不是仅用一个词汇进行检索，为了获得更为准确的检索效果，往往采用2～3个关键词组合来搜索，有些用户甚至采用5个以上词汇的组合，这些多词汇组合往往就是关键词“长尾”的主要组成部分。

5.5 如何提高搜索引擎营销效果

5.5.1 影响搜索引擎营销效果的因素

（1）网站设计的专业性。企业网站是开展搜索引擎营销的基础，网站上的信息是用户检索获取信息的最终来源，网站设计的专业性，尤其是对搜索引擎的友好性和对用户的友好性对搜索引擎营销的最终效果产生直接的影响。从本质上来说，搜索引擎优化与网络营销导向网站建设是一回事，两者不仅指导思想一致，而且很多具体工作内容也是一样的。

（2）被搜索引擎收录和检索的机会。如果在任何一个搜索引擎上都检索不到，这样的网站将不可能从搜索引擎获得新的用户。被搜索引擎收录不是自然而然发生的，需要用各种有效的方法才能实现这个目的，如常用的搜索引擎登录、搜索引擎优化、关键词广告等，同时还要对搜索引擎进行优化设计，以便在搜索引擎中获得比较好的排名。应注意的是，搜索引擎营销不是针对某一个搜索引擎，而是针对所有主要的搜索引擎，需要对常用的搜索引擎设计有针对性的搜索引擎策略，因为增加网站被搜索引擎收录的机会是增加被用户发现的基础。

（3）搜索结果对用户的吸引力。仅仅被主要的搜索引擎收录并不能保证取得实质性的效果，搜索引擎返回的结果有时数以千计，绝大多数的搜索结果都将被用户忽略，即使排名靠前的结果也不一定获得被点击的机会，关键还要看搜索结果的索引信息（网页标题、内容提要、URL等）是否能够获得用户的信任和兴趣，这些问题仍然要回到网站设计的基础工作上解决。对搜索引擎广告也是同样的道理，如果关键词广告设计难以吸引用户的注意，或者广告信息出现的位置不够理想，也很难取得明显的效果。因此，搜索引擎营销不应仅仅关注搜索引擎本身，同时也要对用户使用搜索引擎的行为进行研究。

5.5.2 增强搜索引擎营销效果的方法

（1）付费搜索引擎广告的转化率略高于搜索引擎优化。付费搜索引擎广告不仅应用灵活，例如可以随时投放、制作对用户有吸引力的关键词广告文案，而且搜索引擎广告在顾客转化率方面比基于自然检索的搜索引擎优化也有一定优势，这一结论是美国网络分析公司Web Side Story通过对付费搜索引擎广告和搜索引擎优化的顾客转化率调查分析得出的。

Web Side Story的调查发现，在顾客转化率效果方面，如果你搜集100个购买关键词广告的客户意见，并拿他们与100个实施搜索引擎优化的客户意见相比较，你会发现双方都认为自己的顾客转化率比对方优越。

Web Side Story在2006年1～8月份调查了20个B2C电子商务网站的访问量和顾客转化率数据，搜集了5 700万次通过搜索引擎的网站访问行为，显示搜索引擎关键词广告形成的订单转化率是3.4%，而搜索引擎优化自然检索获得的转化率是3.13%。

Web Side Story分析师认为，搜索引擎关键词广告和自然排名的顾客转化率各有优势。一方面，对于关键词广告来说，广告主可以主动控制广告信息，决定广告被链接的页面，删除转化率低的关键词等，因此广告对于潜在顾客可能更有吸引力。但另一方面，人们更为重视未经人工修饰的自然索引结果，因此自然排名结果对潜在客户的吸引更大，自然检索排名的高度点击率通常比付费搜索结果高出1.5倍，只是自然结果信息和链接页面的不可控性，使得自然排名结果即使能够带来访问量，转化率也往往不能与关键词广告相比。

因此，对于付费搜索引擎广告和搜索引擎优化两种搜索引擎营销方式都应该给予同等重视，采用多种模式的网络营销策略组合效果更为显著。

（2）关键词广告与网页展示广告同时采用提高顾客转化率。在搜索引擎营销活动中，提高搜索引擎广告顾客转化率的措施通常从搜索引擎广告本身入手，比如对用户检索行为的准确分析以及在此基础上选择最有效的关键词的组合、广告着陆页面内容的相关性等。美国市场调查机构阿特拉斯研究所（Atlas Institute）的一份调查显示，企业投放搜索引擎广告的同时投放展示性广告，可以提升广告的顾客转化率，也就是说，增强搜索引擎营销效果的方法可以延伸到搜索引擎广告与其他形式网络广告之间的组合策略。

研究表明，只看到搜索引擎广告的用户转化率是只看到展示性广告的用户转化率的3倍，同时看到搜索引擎广告和展示性广告的用户转化率比只看到展示性广告的用户转化率高4倍。此外，阿特拉斯研究所这项调查报告对相关数据的分析发现，广告在用户面前展示3~8次获得的转化率最高。

（3）善于使用搜索引擎提供的分析管理工具。网站在搜索引擎中的效果如何，最终是由搜索引擎本身来评判的。搜索引擎为了改善用户对搜索结果的体验，同样希望收录的网站提供高质量的内容。从这个角度来说，合理的搜索引擎优化尽管不能为搜索引擎带来直接收益，但对于提高搜索引擎的用户满意度有直接的帮助。从长远角度来说，对搜索引擎服务商也是有价值的。

从另一个角度分析，如果企业关注网站在搜索引擎自然检索结果的效果，就表明企业重视搜索引擎营销。这些企业除了采用搜索引擎优化方法之外，通常也会同时投放搜索引擎广告，实际上很多网站的搜索引擎推广都是同时采用搜索引擎优化和关键词广告。在这方面，著名的阿里巴巴就是最典型的案例。

为了提高网站在搜索引擎检索中的效果，百度和Google都向网站管理员提出了详细的建议。一些搜索引擎还提供了很多有实用价值的搜索引擎营销效果分析工具。以Google为例，一直在为提高网站的搜索引擎可见度及搜索引擎营销效果而尽自己的努力。Google官方网站提供的部分免费网络营销分析管理工具，可以帮助网站管理员了解自己网站在搜索引擎中的表现以及网站的访问情况，还可以对竞争者网站的搜索引擎优化状况进行调查分析，根据这些分析可以指定更有针对性的搜索引擎营销策略，为网站带来更多的访问量，提高网站的用户转化率。

Google提供的免费网站分析管理工具包括：免费Google网站地图（Google Sitemaps）、Google向网站管理员提供有用的信息、Google所获取的关于客户网站的信息、Google网站访问统计（Google Analysis）、Google顾客转化率大学（Conversion University）等。

5.6 搜索引擎营销的发展趋势

5.6.1 欧美地区搜索引擎营销发展趋势

根据世界上最为知名的信息技术分析公司之一福里斯特（Forrester）研究表明，英国在搜索引擎营销方面处于欧洲领导地位。电子商务顾问公司（E-consultancy）发布的数据显示，2007 年英国搜索引擎营销总支出为 22 亿英镑，2008 年数字达到 27.5 亿英镑，增长率为 24%。虽然还在增长，但和 2006 年的 65%，2007 年的 58% 相比，英国搜索引擎营销总支出的增长将逐渐变缓。电子商务顾问公司的总编辑克里斯·雷克（Chris Lake）认为，支出增长率的放缓，标志着英国搜索引擎市场更加成熟。目前，英国搜索引擎营销已经被许多公司的领导层认同，正作为一种战略手段加入市场营销的整体方案中。此外，付费搜索占据了 2008 年英国搜索引擎营销市场规模的 88%，自然搜索引擎优化占 12%，而在线广告也已经占到了英国全部广告业的 8%。

根据为全球搜索引擎营销提供服务的非营利组织 SEMPO 公布的数据显示，2007 年北美地区搜索引擎营销市场规模达 115 亿美元，同比增长 22.3%，到 2008 年达到 133 亿美元。北美地区已经围绕搜索引擎营销建立起较为多元的业务模式和成熟的发展体系。未来几年，北美搜索引擎营销市场的年均增长率将维持在 10% ~15%，上升开始呈现扁平状态，市场趋于成熟。目前，北美付费价格上升，营销平台形成。与英国搜索引擎营销市场相似，北美市场的主体业务也是付费搜索，随着全球搜索引擎营销市场的增长，北美向其他地区的搜索引擎技术输出将逐渐繁荣起来。

5.6.2 中国搜索引擎营销发展趋势

根据艾瑞咨询最新发布的《2007 ~2008 年中国搜索引擎行业发展报告》显示，2007 年中国搜索引擎市场规模达 29.0 亿元人民币，相比 2006 年同比增长 108.3%，预计 2011 年中国搜索引擎市场规模将超过日本。2008 年 2 月，adSage（中国）公司与百度合作，推出百度竞价排名广告系统管理工具 adSage for Baidu，成为基于百度 API（Application Programming Interface，应用程序编程接口）的第一款搜索引擎营销工具，中国搜索引擎营销市场已经开始进入国际市场。

（1）搜索引擎营销服务深度增加。随着中国搜索引擎运营商逐步开放 API 数据，第三方公司将开发大量搜索引擎营销技术工具，广告主可以在本地系统中完成统计、分析、修改等管理功能，无须访问 Web 用户界面。自动智能体系取代人工方式，应用深度增加。

（2）搜索引擎营销得到广泛认同。随着搜索引擎用户的不断增长，搜索引擎将逐渐成为细分覆盖最高的媒体。虽然还有企业把网络营销、搜索引擎营销和传统营销在经营思想上分开处理，但是无论是中小型企业还是大型企业，都在关注网络营销和搜索引擎营销，它们积极与技术先进的第三方公司合作，完善它们的搜索引擎营销服务体系，共同驱动未来中国的搜索引擎市场。

（3）搜索引擎营销逐渐成为营销战略组成部分。信息化和网络营销得到企业重视程度加深，越来越多的企业不仅仅购买搜索引擎广告或者搜索引擎优化，而是将搜索引擎营销作为企业营销战略的一个组成部分。搜索引擎营销可能发展成为网络营销一个相对完整的分支，这种产业化的趋势将创造更多的市场机会。

（4）搜索引擎营销服务紧贴民生。从中国搜索引擎服务的发展历程可以看出，除了与全球范围相似的趋势外，还逐渐形成了有中国特色的发展趋势。目前，搜索引擎用户所需要的各种信息，包括工作、生活等服务都在一个搜索平台上实现，人们希望一站式服务来满足多方面搜索需求。因此，融合了门户、社区等优势元素，中国搜索引擎服务逐渐向产品多元化转型。根据艾瑞开发的基于对中国网民的网民行为研究产品，中国网络媒体访问指标和中国应用软件使用指标 iUserTracker 最新数据显示，中国的搜索引擎运营商正根据用户搜索内容的转变来不断优化产品线，力图使搜索服务一站式满足用户多方面的信息需求和内容需求。

本章小结

搜索引擎营销，就是根据用户使用搜索引擎的方式，利用用户检索信息的机会尽可能将营销信息传递给目标用户。搜索引擎目前仍然是最主要的网站推广手段之一。通过本章学习，学生可以掌握搜索引擎营销的主要实现方法，在此基础上能更加有效地寻找出为企业网站进行优化的手段，从而提高企业在搜索引擎上营销的效果。

思考题

1. 简述搜索引擎及搜索引擎营销的概念。
2. 简述在搜索引擎营销中应如何选择关键词。
3. 搜索引擎营销评估方式主要有哪些？
4. 案例分析：

乔依·霍尔曼在互联网上出售皮革服装，为了增加自己网站在 Google 上的曝光率，霍尔曼从 2001 年推出 exoticleatherwear. com 网站以来，想尽各种办法，希望人们在 Google 上输入“女式皮革服装”和“皮革服装”时，她的网站能列入搜索结果的第一页，她同一家公司签署了一项协议，后者承诺把她的网上商店同数百个网站建立链接，而这是 Google 筛选系统在排名时参考的一项重要指标。这一措施在短时间内奏效，霍尔曼的网站曾一度在 Google 的搜索结果中排名第一，每月吸引的访问者多达 2.6 万人次，尤其是在圣诞节前的生意非常好。

思考：

（1）什么是搜索引擎营销？

（2）请描述搜索引擎营销的基本原理与过程。

（3）Google 属于哪种类型的搜索引擎？搜索引擎营销的主要模式有哪些？乔依·霍尔曼所采用的是哪种模式？

第6章 许可 Email 营销

【学习目标】熟悉许可 Email 营销的原理；掌握 Email 营销的作用及主要形式；掌握 Email 营销策略；掌握获得用户许可地址的基本方法；掌握如何增强 Email 营销的效果。

【技能目标】比较 Email 营销与其他营销方法；比较内部列表和外部列表营销策略；分析许可 Email 营销的有效性。

【工作任务】能利用许可 Email 营销的主要功能来开展网络营销活动；利用邮件列表获取用户资源；能为已有的 Email 营销提出增强营销效果的方法。

案例导入

"新江南"公司的 Email 营销

"新江南"旅游公司，为了在"五一黄金周"之前进行公司旅游项目促销，公司营销人员计划将 Email 营销作为重点策略之一。

"新江南"公司网站的功能比较简单，主要是公司介绍、旅游线路介绍、景点介绍等。网站上有一个会员注册区，有用户 1 000 多人，但是由于疏于这方面的管理，已经有半年多的时间没有向会员发送过信息了。公司内部的营销资源非常有限，还需要借助于专业服务来发送 Email 广告。在服务的选择上，花费了比较多的时间，因为首先要对服务的邮件列表定位程度、报价和提供的服务等方面进行比较分析，"新江南"最终选择了新浪上海站，该网站有一份关于上海市白领生活的电子周刊，订户数量超过 30 万，这份电子刊物将作为本次 Email 营销的主要信息传递载体。

在宣传活动开始后，连续四周投放了 Email 营销信息，发送时间定为每周三，前两次以企业形象宣传为主，后两次针对公司新增旅游路线进行推广。接下来该公司的市场人员的主要任务是设计 Email 广告的内容，针对内部列表和外部列表分别制作，并且每个星期的内容都有所不同。Email 营销活动结束后，网络营销人员吃惊地发现，在进行 Email 营销期间，公司网站的日平均访问量比上个月增加了 3 倍多。

资料来源：宋文官著，《网络营销与案例分析》，高等教育出版社 2005 年版。

案例简评

追溯网络营销的起源，人们不得不想起美国的两位律师利用 Email 营销所取得的巨大收益。应该说，电子邮件并非专为营销而产生，但当电子邮件成为大众的信息传播工具时，其营销价值也就逐渐表现出来，“新江南”公司在未开展Email营销前，其网站的访问量并不是很高，而利用邮件列表开展营销活动后，网站访问量得到了很好的改善，相信今后Email营销在产品推广、顾客关系和顾客服务、市场调研等方面都将具有重要作用。

6.1 许可Email营销的原理

在所有常用的网络营销手段中，Email营销是信息传递最直接、最完整的方式，可以在很短的时间内将信息发送到列表中的所有用户，这种独特功能在风云变幻的市场竞争中显得尤为重要，而且成本相对比较低廉。Email营销在产品推广、顾客关系和顾客服务、市场调研等方面都具有重要作用。Email营销与其他网络营销手段相辅相成，本身又自成体系，成为一个相对完整的网络营销分支。

Email营销在发达国家已经发展为一个成熟的网络营销应用行业。在国内，尽管“Email营销”这个概念已经不太陌生，而且已经为许多企业所采用，但无论从理论上还是操作方法上，都还处于启蒙阶段，目前不仅没有权威的理论指导，也没有相关的行业规范。许多企业利用Email开展市场营销活动时存在大量的误区，其中包括不少著名的大型企业，由于对Email营销自身的规律缺乏全面的认识，在很大程度上制约了Email营销效果的发挥。由于规范的Email营销活动没有得到普遍应用，使得发送垃圾邮件者有可乘之机，大量的垃圾邮件不仅破坏了正规的Email营销的名誉和网络环境，也为规范的Email营销带来了直接的威胁，甚至严重影响了整个网络通信环境。因此，非常有必要从认识上和方法上加深对Email营销的了解。

“Email营销”这一概念听起来并不复杂，但将Email作为专业的网络营销工具，实际上并非那么简单。不仅仅是将邮件内容发送给一批接收者，而是要了解Email营销的一般规律和方法，研究营销活动中遇到的各种问题，还应遵循行业规范，讲究基本的网络营销道德。

6.1.1 许可Email营销的定义

许可Email营销是在用户事先许可的前提下，通过电子邮件的方式向目标用户传递有价值信息的一种网络营销手段。Email营销有三个基本因素：基于用户许可、通过电子邮件传递信息、信息对用户是有价值的。三个因素缺少一个，都不能称之为有效的Email营销。

基于用户许可的Email营销与滥发邮件（Spam）是不同的，许可Email营销比传统的推广方式或未经许可的Email营销具有明显的优势，比如可以减少广告对用户的滋扰、增加潜在客户定位的准确度、增强与客户的关系、提高品牌忠诚度等。许可Email营销是网络营销方法体系中相对独立的一种，既可以与其他网络营销方法相结合，也可以独立应用。

6.1.2 许可Email营销的产生和发展

最早的Email营销来源于垃圾邮件，著名事件是“律师事件”，1994年4月12日，美国亚利桑那州两位从事移民签证咨询服务的律师劳伦斯·坎特和玛撒·西格尔把一封“绿卡抽奖”的广告信发到他们可以发现的每个新闻组，这在当时引起了轩然大波，他们的“邮件炸弹”让许多服务商的服务处于瘫痪状态。他们通过互联网发布广告信息，只花费了20美元的上网通信费用就吸引来25 000个客户，赚了10万美元。他们认为，通过互联网进行Email营销是前所未有几乎无须任何成本的营销方式。当然他们并没有考虑别人的感受，也没有计算别人因此而遭受的损失。

因为这次事件，使人们对Email营销有了系统的了解，所以普遍观点认为Email营销诞生于1994年，而将Email营销概念进一步推向成熟的是“许可Email营销”理论的诞生。真正的Email营销，也就是所谓的“许可Email营销”，是在事先得到用户许可的前提下，向用户发送的有价值的信息。美国Internet. com公司的创始人雷希（Raisch）在1994年撰写的一篇论文《未经许可的电子邮件》，将电子邮件营销进行了比较系统的研究，在互联网领域产生了重要影响。文中将两位律师“成功地将信息以低廉的费用传送给数千万消费者”的方法称为“用户付费的促销”，因为信息发送者将互联网作为直接的促销渠道向用户传递信息，却不考虑用户的意愿和为此付出的费用，与现实世界中广告商承担所有信息传递费用的方式不同，这对于用户是不公平的。

6.1.3 许可Email营销的分类

根据前面的定义，规范的Email营销是基于用户许可的，但实际上还存在着大量的不规范现象，并不是所有的电子邮件都符合法规和基本的商业道德，不同形式的Email营销也有不同的方法和规律，所以首先应该明确Email营销有哪些类型，这些Email营销又分别是如何进行的。可以通过下列四种方法对Email营销进行分类：

（1）按照Email地址的所有权分类。潜在用户的Email地址是企业重要的营销资源，根据对用户Email地址资源的所有形式，可将Email营销分为内部Email营销和外部Email营销，或者叫内部列表和外部列表。内部列表是一个企业/网站利用一定方式获得用户自愿注册的资料来开展的Email营销，常见的形式如新闻邮件、会员通讯、电子刊物等。而外部列表是指利用专业服务商或者具有与专业服务商一样可以提供专业服务的机构提供的Email营销服务，自己并不拥有用户的Email地址资料，也无须管理维护这些用户资料，就是以电子邮件广告的形式向服务商的用户发送信息。

（2）按照营销计划分类。根据企业的营销计划，可分为临时性的Email营销和长期Email营销。临时性的Email营销包括不定期的产品促销、市场调查、节假日问候、新产品通知等；长期Email营销通常以企业内部注册会员资料为基础，主要表现为新闻邮件、电子杂志、顾客服务等各种形式的邮件列表，这种列表的作用要比临时性的Email营销更持久，其作用更多地表现在顾客关系、顾客服务、企业品牌等方面。

（3）按照Email营销的功能分类。根据Email营销的功能，可分为顾客关系Email营销、顾客服务Email营销、在线调查Email营销、产品促销Email营销等。

（4）按照Email营销的应用方式分类。按照是否将Email营销资源用于为其他企业提供服务，Email营销可分为经营型和非经营型两类。当以经营性质为主时，Email营销实际上已经属于专业服务商的范畴了。在实际工作中面对的往往不是单一形式或者单一功能的Email营销，可能既要建立自己的内部列表，又需要采用专业服务商的服务。

6.1.4 许可 Email 营销与其他营销方法的比较

Email 是买卖双方信息交流的主要工具，以电子邮件为基础的许可 Email 营销也是网络营销的重要内容，同时许可 Email 营销本身又形成一个相对完整的网络营销分支。许可 Email 营销与其他网络营销策略如企业网站、搜索引擎、网络广告等具有一定的区别和联系，各种网络营销手段结合在一起形成一个完整的网络营销系统。

6.1.4.1 许可 Email 营销与企业网站

企业网站是开展网络营销的基本工具，是网络营销的基础，许可 Email 营销和企业网站之间既可以是相互独立的，又可以是相互促进的关系。

企业网站是收集用户 Email 营销资源的一个平台，邮件列表用户的加入通常都是通过设在网站上的“订阅框”来进行的，同时网站可以为邮件列表进行必要的推广，并且也为邮件列表内容通过浏览器阅读提供了方便，从而最终促进 Email 营销的效果。

尽管没有网站也可以开展许可 Email 营销，但以网站为基础开展许可 Email 营销效果更好，主要表现在两个方面：一方面，由于邮件内容传递的信息有限，更多的信息需要引导用户到网站去进一步浏览，对于没有网站配合的情形，将会损失这种宝贵的机会；另一方面，通过各种渠道来到网站的用户，在浏览之后可能相当长一段时间都不会回访，在用户访问网站期间他很可能会加入邮件列表，这样便拥有了和用户长期联系的机会，可以充分利用网络营销资源，也可以通过许可 Email 营销为网站、产品/服务做进一步的推广。

6.1.4.2 许可 Email 营销与搜索引擎

许可 Email 营销与搜索引擎之间表面看来并没有直接的关系，但如果站在整个网络营销的范围来看，这两种工具其实都是用户与企业网站之间传递信息的手段：用户通过搜索引擎寻找企业网站信息，然后到网站上继续了解详细信息，这时候，用户是主动获取信息；通过电子邮件方式，企业向用户发送信息，用户接受信息是被动的（即使经过用户事先许可，仍然是被动接受信息，因为用户事先并不知道企业要发来什么样的信息，甚至无法对于信息内容进行预期）。可见，搜索引擎和许可 Email 营销是网络营销中截然不同的方式：前者是用户主动获取信息，后者则是用户被动接受信息。也就是说，搜索引擎是用户用来发现企业网站的工具，而许可 Email 营销是企业向用户主动提供信息和服务的手段。

同时，搜索引擎和许可 Email 营销本身也包含主动和被动的矛盾。用户通过搜索引擎主动到网站了解信息，但这些信息却是企业主动提供的，用户可以获取的信息受到网站发布信息的制约；通过许可 Email 营销，尽管是经过用户事先许可的，但发送什么信息，仍然不是用户可以决定的（对于用户定制的信息，也只是在一定程度上具有选择权，而不是决定权）。因此，无论哪种“主动的”信息传递方式，事实上企业网站仍然占据主动地位，或者说，网络营销中的信息传递从根本上说取决于企业自身，用户的主动性受信息提供方的制约。

对于网络营销这样具有交互式的营销具有吸引力的地方，就在于为用户创造了一种机会，可以争取获得更多的信息，对于企业网络营销来说，也就是合理利用各种信息传递手段，为用户获取更多信息创造条件，在用户获得这些信息的同时，来实现企业的营销目的。

6.1.4.3 许可 Email 营销与网络广告

Email 广告是网络广告的一种形式，但许可 Email 营销并非都是网络广告，例如顾客关系 Email、新闻邮件等企业内部邮件列表资源，只是许可 Email 营销的一种载体，传递的信息也并非全是广告。当企业通过 Email 专业服务商（或者 ISP 等）发送 Email 广告信息时才表现为网络广告形式。

但是，由于许可 Email 营销与网络广告有许多相同之处，从内容、文案、创意等方面都需要遵循网络广告的规律，因此，将许可 Email 营销与网络广告相提并论也有一定的道理。

在其他常用的网络营销方法和活动中，许可 Email 营销也在一定程度上发挥作用，如通过 Email 方式传播的病毒性营销、通过 Email 方式发送的在线优惠券促销等，在一些在线调查中，也常采用通过 Email 发放调查问卷的方式。

6.2 许可 Email 营销的作用及主要形式

6.2.1 许可 Email 营销的主要作用

除了产品/服务的直接推广功能之外，许可 Email 营销在顾客关系、顾客服务、企业品牌等方面都具有重要作用，因此，如果将许可 Email 营销仅仅理解为利用电子邮件来开展促销活动，显然是片面的。许可 Email 营销的主要功能归纳为八个方面：品牌形象、产品/服务推广、顾客关系、顾客服务、网站推广、资源合作、市场调研、增强市场竞争力。

（1）品牌形象。许可 Email 营销对于企业品牌形象的价值，是通过长期与用户联系的过程中逐步积累起来的，规范的、专业的许可 Email 营销对于品牌形象有明显的促进作用。品牌建设不是一朝一夕的事情，不可能通过几封电子邮件就完成这个艰巨的任务，因此，利用企业内部列表开展经常性的 Email 营销具有更大的价值。

（2）产品/服务推广。产品/服务推广是许可 Email 营销最主要的目的之一，正是因为许可 Email 营销的出色效果，它成为最主要的产品推广手段之一。一些企业甚至用直接销售指标来评价许可 Email 营销的效果，尽管这样并没有反映出许可 Email 营销的全部价值，但也说明营销人员对它带来的直接销售有很高的期望。

（3）顾客关系。与搜索引擎等其他网络营销手段相比，Email 首先是一种互动的交流工具，然后才是其营销功能，这种特殊功能使得许可 Email 营销在顾客关系方面比其他网络营销手段更有价值。与许可 Email 营销对企业品牌的影响一样，顾客关系功能也是通过与用户之间的长期沟通才发挥出来的，内部列表在增强顾客关系方面具有独特的价值。

（4）顾客服务。电子邮件不仅是顾客沟通的工具，在电子商务和其他信息化水平比较高的领域，同时也是一种高效的顾客服务手段。通过内部会员通讯等方式提供顾客服务，可以在节约大量的顾客服务成本的同时提高顾客服务质量。

（5）网站推广。与产品推广功能类似，电子邮件也是网站推广的有效方式之一。与搜索引擎相比，许可 Email 营销有自己独特的优点：网站被搜索引擎收录之后，只能被动地等待用户去检索并发现自己的网站，通过电子邮件则可以主动向用户推广网站，并且推荐方式比较灵活，既可以是简单的广告，也可以通过新闻报道、案例分析等方式出现在邮件的内容中，获得读者的高度关注。

(6) 资源合作。经过用户许可获得的 Email 地址是企业的宝贵营销资源，可以长期重复利用，并且在一定范围内可以与合作伙伴进行资源合作，如相互推广、互换广告空间。企业的营销预算总是有一定限制的，充分挖掘现有营销资源的潜力，可以进一步扩大许可 Email 营销的价值，让同样的资源投入产生更大的收益。

(7) 市场调研。利用电子邮件开展在线调查是网络市场调研中的常用方法之一，具有问卷投放和回收周期短、成本低廉等优点。许可 Email 营销中的市场调研功能可以从两个方面来说明：一方面，可以通过邮件列表发送在线调查问卷。同传统调查中的邮寄调查表的道理一样，将设计好的调查表直接发送到被调查者的邮箱中，或者在电子邮件正文中给出一个网址链接到在线调查表页面，这种方式在一定程度上可以对用户成分加以选择，并节约被访问者的上网时间，如果调查对象选择适当且调查表设计合理，往往可以获得相对较高的问卷回收率。另一方面，也可以利用邮件列表获得第一手调查资料。一些网站为了维持与用户的关系，常常将一些有价值的信息以新闻邮件、电子刊物等形式免费向用户发送，通常只要进行简单的登记即可加入邮件列表，如各大电子商务网站初步整理的市场供求信息、各种调查报告等，将收到的邮件列表信息定期处理是一种行之有效的资料收集方法。

(8) 增强市场竞争力。在所有常用的网络营销手段中，许可 Email 营销是信息传递最直接、最完整的方式，可以在很短的时间内将信息发送到列表中的所有用户，这种独特功能在风云变幻的市场竞争中显得尤为重要。许可 Email 营销对于市场竞争力的价值是一种综合体现，也可以说是前述七大功能的必然结果。充分认识许可 Email 营销的真正价值，并用有效的方式开展许可 Email 营销，是企业营销战略实施的重要手段。

6.2.2 许可 Email 营销的局限

影响许可 Email 营销的因素是多方面的，如不同的营销目的、不同的行业、不同的邮件格式、不同的邮件主题，甚至不同的邮件发送时间都会对 Email 营销效果产生影响，因此 Email 营销的效果是一种综合因素的体现，抛开具体的经营环境和经营方式来谈效果是没有意义的，何况许可 Email 营销点击率是一个统计平均数字，不代表某个具体的企业在某次活动中一定可以获得这个平均点击率。同样，内部列表和外部列表 Email 营销的效果也不具有可比性，因为内部列表是长期的、连续的，许可 Email 营销的效果并不仅仅体现在点击率和直接销售等指标上，而是对企业品牌、顾客关系等多个方面发挥作用，临时性的外部列表 Email 营销更多地注重短期效果，通常才用点击率等指标来进行效果评价。

另外，用户 Email 地址资源的来源对许可 Email 营销的效果影响巨大。例如，有些用户为了获得某种临时性的服务而进行注册，甚至可能对该企业的名称都没有留下印象，一段时间后，如果收到该企业发来的邮件信息，显然很难通过这样短期的联系而产生对企业品牌的信任，或者对产品的兴趣。另有一种极端的情形是，一些公司利用软件自己在网上收集电子邮件地址，或者低价购买那些没有任何可信度的电子邮件列表地址，大量发送电子邮件后发现没有达到预期的目的，将这种情况也归结为许可 Email 营销效果不佳。其实，这样发送垃圾邮件根本不是许可 Email 营销，垃圾邮件当然没有什么效果，并且没有规律可循，即使偶尔产生某种效果也是因为偶然因素，所以这种情形不能代表许可 Email 营销效果的真实水平。

总的来说，相对于其他网络营销手段，许可 Email 营销的综合效果仍然是非常显著的，尤其在顾客关系、品牌形象、产品推广、市场调研等方面，当然，前提是基于用户许可的 Email 营销，并且以专业的方式来操作。

6.2.3 许可 Email 营销的主要形式

按照 Email 地址资源的所有权，许可 Email 营销常用的方式有内部列表和外部列表两种基本形式，两者各有自己的优势，对网络营销比较重视的企业通常都拥有自己的内部列表，但采用内部列表与采用外部列表营销也并不矛盾，只是在开展 Email 营销的方法和资源投入方式上有明显差别。自行经营的内部列表不仅需要自行建立或者选用第三方的邮件列表发行系统，还需要对邮件列表进行维护管理，如用户资料管理、退信管理、用户反馈跟踪等，对营销人员的要求比较高。内部列表以少量、连续的资源投入获得长期、稳定的营销资源，外部列表则是用资金换取临时性的营销资源，由于比较灵活，可以根据需要选择投放不同类型的潜在用户，因而在短期内即可获得明显的效果。

开展许可 Email 营销的过程，也就是将有关营销信息通过电子邮件的方式传递给用户的过程，一般要经历以下五个主要步骤：第一步，要制订许可 Email 营销计划，分析目前所拥有的 Email 营销资源，如果公司本身拥有用户的 Email 地址资源，首先应利用内部资源；第二步，决定是否利用外部列表投放 Email 广告，并且要选择合适的外部列表服务商；第三步，针对内部和外部邮件列表分别设计邮件内容；第四步，根据计划向潜在用户发送电子邮件信息；第五步，对 Email 营销活动的效果进行分析总结。

开展许可 Email 营销需要一定的基础条件，需要解决三个基本问题：向哪些用户发送电子邮件、发送什么内容的电子邮件，以及如何发送这些邮件。这三个基本问题可以进一步归纳为许可 Email 营销的三大基础。

6.2.4 许可 Email 营销的误区

许可 Email 营销虽然是有效的网络营销手段，但是，许可营销并非网络营销成功的充分条件。事实上，许多公司在开展许可 Email 营销活动中还存在着种种误区，如果营销人员不能正确认识和掌握许可营销的精髓，有时可能会对公司形象和业务产生严重的负面影响。这些误区应该引起高度重视。

（1）注册会员必须是终身的。几乎所有的电子商务网站都要求在进行购物或其他商务活动（如拍卖、发布供求信息）之前先注册为会员，这种方式本身不仅带有一定的强制性，而且许多网站并没有说明有权随时向会员发送商业信息，会员似乎也没有选择的余地。注册会员的“终身制”有时让人觉得有被出卖和愚弄的感觉。

用户的生命周期并不意味着公司的利润周期，公司所拥有的只是在一定阶段内用户的价值，这个阶段有时也许非常短暂，因而更应该善待每一位会员，尽量吸引他延长作为会员的周期，并在会员周期内尽可能地获得价值。当一个会员不再需求公司提供的服务，或者对该公司不再信任时，完全有理由决定退出，否则，不仅不会为公司带来利益，而只能增加用户的厌恶感，说不定还会因此而遭到用户的起诉。不能退订的邮件或者没有明确告诉用户退订方法的邮件实际上就是“垃圾邮件”。

（2）忽视忠诚顾客。“获得一个新的顾客比留住一个现有顾客代价要大得多”，这个道理应该是每个营销人员都知道的基本常识。然而现实的情况往往是，对忠诚的顾客投入的服务越来越少，甚至向他收取更高的费用，特别促销优惠条款只对新加入的顾客有效，以至于顾客变成“前顾客”或者竞争对手的顾客。

（3）个人信息保护。根据市场研究机构 The Strategis Group 调查结果，大约有 77% 的互联网用户为避免在一些网站登记个人信息而离开。人们不愿意登记的原因不仅因为登记过程占用时间和精力，而主要是因为关系到个人信息。放弃登记的四个主要原因是：61% 的人为了保护个人信息；27% 的人为了避免 Email 广告；21% 的人认为问题太多；12% 的人抱怨登记页下载时间太长。如果用户不愿意成为你的许可会员，那么营销人员就应该考虑一下这些方面的原因。

（4）邮件字节数过大。得到用户的许可后，顾客资料便成了公司的资产，那么是否意味着就可以向顾客随意发送大量的广告信息呢？回答这个问题最简单的方法就是站在顾客的角度想一想：顾客需要这样的信息吗？顾客能从中得到什么价值？接收 50K 字节的邮件需要多长时间？接收 200K 字节的邮件需要多长时间？顾客愿意接收吗？如果一封电子邮件由于容量过大，导致用户在打开的时候需要较长时间，则用户很有可能在短时间内即关闭窗口，那么我们花时间设计的精美图片、邮件内容将毫无意义。邮箱的空间地址是有限的，所以邮件的字节数一定要加以控制。

诸如此类的错误做法还有很多，无法在此一一列举。许可 Email 营销是个性化营销和客户关系管理的基础，是网络营销通向成功的必由之路，但是这条路并不平坦，还需要在实践过程中不断探索和完善。

6.3 许可 Email 营销策略

许可 Email 营销是一个广义的概念，既包括企业自行开展建立邮件列表开展的 Email 营销活动，也包括通过专业服务商投放电子邮件广告。为了进一步说明不同情况下开展 Email 营销的差别，可按照 Email 地址的所有权划分为内部 Email 营销和外部 Email 营销，或者叫内部列表和外部列表。内部列表是一个企业/网站利用注册用户的资料开展的 Email 营销，而外部列表是指利用专业服务商或者其他可以提供专业服务的机构提供的 Email 营销服务，投放电子邮件广告的企业本身并不拥有用户的 Email 地址资料，也无须管理维护这些用户资料。外部列表是网络广告的一种表现形式。内部列表 Email 营销和外部列表 Email 营销在操作方法上有明显的区别，各有自己的优势，两者并不互相矛盾，如果必要，有时可以同时采用。

内部列表包括企业自己拥有的各类用户的注册资料，如免费服务用户、电子刊物用户、现有客户资料等，是企业开展网络营销的长期资源，也是许可 Email 营销的重要内容。外部列表包括各种可以利用的Email营销资源，常见的形式是专业服务商，如专业Email营销服务商、免费邮件服务商、专业网站的会员资料等。

内部列表和外部列表由于在是否拥有用户资源方面有根本的区别，因此开展Email营销的内容和方法也有很大差别。自行经营的内部列表不仅需要自行建立或者选用第三方的邮件列表发行系统，还需要对邮件列表进行维护管理，如用户资料管理、退信管理、用户反馈跟踪等，对营销人员的要求比较高，在初期用户资料比较少的情况下，费用相对较高，随着用户数量的增加，内部列表营销的边际成本在降低。这两种Email营销方式属于资源的不同应用和转化方式，内部列表以少量、连续的资源投入获得长期、稳定的营销资源，外部列表则是用资金换取临时性的营销资源。内部列表在顾客关系和顾客服务方面的功能比较显著，外部列表由于比较灵活，可以根据需要选择投放不同类型的潜在用户，因而在短期内即可获得明显的效果。表6－1说明了内部列表和外部列表Email营销的功能和特点比较。

表6－1　　内部列表和外部列表Email营销的功能和特点比较

项　目	内部列表Email营销	外部列表Email营销
主要功能	顾客关系、顾客服务、品牌形象、产品推广、在线调查、资源合作	品牌形象、产品推广、在线调查
投入费用	相对固定，取决于日常经营和维护费用，与邮件发送数量无关，用户数量越多，平均费用越低	没有日常维护费用，营销费用由邮件发送数量、定位程度等决定，发送数量越多费用越高
用户信任程度	用户主动加入，对邮件内容信任程度高	邮件为第三方发送，用户对邮件的信任程度取决于服务商的信用、企业自身的品牌、邮件内容等因素
用户定位程度	高	取决于服务商邮件列表的质量
获得新用户的能力	用户相对固定，对获得新用户效果不显著	可针对新领域的用户进行推广，吸引新用户能力强
用户资源规模	需要逐步积累，一般内部列表用户数量比较少，无法在很短时间内向大量用户发送信息	在预算许可的情况下，可同时向大量用户发送邮件，信息传播覆盖面广
邮件列表维护和内容设计	需要专业人员操作，无法获得专业人士的建议	服务商专业人员负责，可对邮件发送、内容设计等提供相应的建议
电子邮件营销效果分析	由于是长期活动，较难准确评价每次邮件发送的效果，需要长期跟踪分析	由服务商提供专业分析报告，可快速了解每次活动的效果

6.3.1　内部列表营销策略

内部列表Email营销的三项基本内容是：建立/选择邮件列表发行平台、获得尽可能多的用户加入列表、向用户发送有价值的信息。我们也将从这三个方面来分别介绍内部列表Email营销的基本方法。

6.3.1.1　建立/选择邮件列表发行平台

经营邮件列表所面临的基本问题中，发送邮件列表的技术保证是主要的基础，无论哪种形式的邮件列表，首先要解决的问题是，如何用技术手段来实现用户加入、退出，以及发送邮件、管理用户地址等基本功能，具有这些功能的系统称为“邮件列表发行平台”。经营自己的邮件列表，可以自己建立邮件列表发行系统，也可以根据需要选择专业服务商提供的邮件列表发行平台服务，实际中具体采用哪种形式，取决于企业的资源和经营者个人偏好等因素。

建立或者选择第三方的邮件列表发行平台包括下列要点：

(1) 建立邮件列表发行系统。不同类型的邮件列表其经营方式也有一定差别，但在基本原理上是相近的，下面以建立一份电子刊物为例来介绍建立邮件列表的主要问题。经营一份电子刊物需要的最基本的功能应该包括用户订阅（包括确认程序）、退出、邮件发送等，一个完善的电子刊物订阅发行系统则还包含更多的功能，如邮件地址的管理（增减）、不同格式邮件的选择、地址列表备份、发送邮件内容前的预览、用户加入/退出时的自动回复邮件、已发送邮件记录、退信管理等，这些都需要后台技术的支持。随着用户数量的增加和邮件列表应用的深入，还会出现更多的功能需求，这都需要后台技术不断完善。

用户加入/退出邮件列表的方法，通常有两种方式：一种是通过设置在网页上的“订阅/退出”框，用户输入自己的邮件地址并点击相应按钮即可；另一种为发送电子邮件方式加入/退出。这两种方式可以同时存在，不过后者更适合于在没有网站的情况下经营邮件列表，前者的应用更加普遍。

与邮件列表的加入/退出一样，邮件内容的发送也有基于 Web 方式和基于 Email 方式两种。基于 Web 的发行方式，即是将邮件内容粘贴到通过浏览器界面显示的邮件列表内容发行区域中，检查无误后点击“发送”按钮即可。基于 Email 的发行方式非常简单（通常是利用专业邮件列表发行商的服务），只需将内容和格式设置好的邮件发送到一个指定的电子邮箱中，然后，发行系统会自动将邮件分发到列表中各个用户的邮箱中。

(2) 选择第三方的邮件列表发行平台。一般来说，邮件列表专业服务商的发行平台无论在功能上还是在技术保证上都会优于一般企业自行开发的邮件列表程序，并且可以很快投入应用，大大减少了自行开发所需要的时间，因此与专业邮件列表服务商合作，采用专业的邮件列表发行服务是常用的手段。当企业互联网应用水平比较低，邮件列表规模不是很大，并不需要每天发送大量电子邮件时，没有必要自行建立一个完善的发行系统。如果用户数量比较大时，企业自行发送邮件往往对系统有较高要求，并且大量发送的邮件可能被其他电子邮件服务商视为垃圾邮件而遭到屏蔽，这时，专业邮件列表服务的优势更为明显。国外一些发行量比较大的邮件列表，很多也都是通过第三方专业发行平台进行的，如网络营销相关的电子刊物 AIM Ezine、Ezine-tips 等。但出于对用户资料保密性等因素的考虑，一些电子商务网站因为要发送大量的电子邮件，通常需要利用自己的邮件系统发行。

(3) 选择专业发行平台需要考虑的问题。专业邮件列表发行平台是一种通用的邮件列表发行和管理程序，同一个平台可能要有上千个邮件列表用户。一些第三方邮件列表发行系统存在各种各样的问题，因此，在选择邮件列表发行服务商时需要慎重，同时考虑到将来可能会转换发行商，要了解是否可以无缝移植用户资料，而且还要考察服务商的信用和实力，以确保不会泄露自己邮件列表用户资料，并能保证相对稳定的服务。选择邮件列表专业发行平台时需要对邮件列表发行平台的基本功能面进行必要的考察，满足自己的期望指标，如用户地址管理、注册用户资料备份、邮件内容预览、退回邮件管理、邮件格式选择等。

根据不同的营销目的和手段，如果还有其他特殊需要，则应和服务商取得联系，以获得专业的服务。各邮件列表服务商提供的发行平台在功能上会有一定的差别，可根据自己的需要进行比较选择。

此外，当邮件列表规模比较小或者要求不高时，免费邮件列表资源也可以作为一种选择，主要用于个人学习和研究，或者小型企业建立邮件列表初期的一种过渡方式。不过，随着免费网络服务的减少，可用的免费邮件列表资源也越来越少了，并且免费服务总是有各种各样的功能限制，或者在邮件列表中插入服务商的广告内容。因此，作为商业网站，建议最好不要采用这种免费服务。

6.3.1.2 许可 Email 营销资源的获取

当邮件列表发行的技术基础解决之后，作为内部列表 Email 营销的重要环节之一，就是尽可能引导用户加入，获得尽可能多的 Email 地址。Email 地址的积累贯穿于整个许可 Email 营销活动之中，是许可 Email 营销最重要的内容之一。在获取用户 Email 地址的过程中，如果对邮件列表进行相应的推广、完善订阅流程，并从个人信息保护等方面，将增加用户加入的成功率，并且增强邮件列表的总体有效性。

对于大多数营销人员来说，争取用户加入邮件列表的工作比邮件列表的技术本身更重要，因为邮件列表的用户数量直接关系到网络营销的效果，同时也是经营中最大的难题。因为没有非常成熟的方法来对自己的邮件列表进行推广，即使用户来到了网站也不一定加入列表，因此比一般的网站推广更加困难。一份邮件列表真正能够取得读者的认可，靠的是拥有自己独特的价值，为用户提供有价值的内容是最根本的要素，是邮件列表取得成功的基本条件，仅仅做到这一点就不是很简单的事情。

网站的访问者是邮件列表用户的主要来源，因此网站的推广效果与邮件列表订户数量有密切关系，通常情况下，用户加入邮件列表的主要渠道是通过网站上的“订阅”框自愿加入，只有用户首先来到网站，才有可能成为邮件列表用户，如果一个网站访问量比较小，每天可能只有几十人，那么经营一个邮件列表将是比较困难的事情，需要长时间积累用户资源。尽管如此，也并不是说，只能被动地等待用户的加入，可以采取一些推广措施来吸引用户的注意和加入。

获取用户资源是许可 Email 营销中最为基础的工作内容，也是一项长期工作，但在实际工作中往往被忽视，以至于一些邮件列表建立很久，加入的用户数量仍然很少，许可 Email 营销的优势也难以发挥出来，一些网站的许可 Email 营销甚至会因此而半途而废。可见，在获取邮件列表用户资源过程中应利用各种有效的方法和技巧，这样才能真正做到专业的许可 Email 营销。

6.3.1.3 内部列表 Email 营销的内容策略

当 Email 营销的技术基础得以保证，并且拥有一定数量用户资源的时候，就需要向用户发送邮件内容了，对于已经加入列表的用户来说，许可 Email 营销是否对他产生影响是从接收邮件开始的。用户并不需要了解邮件列表采用什么技术平台，也不关心列表中有多少数量的用户，这些是营销人员自己的事情，用户最关注的是邮件内容是否有价值。如果内容和自己无关，即使加入了邮件列表，迟早也会退出，或者根本不会阅读邮件的内容，这种状况显然不是营销人员所希望看到的结果。

除了不需要印刷、运输之外，一份邮件列表的内容编辑与纸质杂志没有实质性的差别，都需要经过选题、内容编辑、版式设计、配图（如果需要的话）、样刊校对等环节，然后才能向订户发行。但是电子刊物（特别是免费电子刊物）与纸质刊物还有一个重大区别，那就是电子刊物不仅仅是为了向读者传达刊物本身的内容，同时还是一项营销工具，肩负着网络营销的使命，这些都需要通过内容策略体现出来。

在许可 Email 营销的三大基础中，邮件内容与 Email 营销最终效果的关系更为直接，影响也更明显。邮件的内容策略所涉及的范围最广，灵活性最大，邮件内容设计是营销人员要经常面对的问题。相对于用户 Email 资源的获取，Email 内容设计制作的任务显得压力更大，因为没有合适的内容，即使再好的邮件列表技术平台，邮件列表中有再多的用户，仍然无法向用户传递有效的信息。

内部列表的 Email 营销的具体形式有多种多样，如电子刊物 Email 营销、会员通讯、第三方 Email 广告等，即使同样的 Email 营销形式，在不同的阶段，或者根据不同的环境变化，邮件的内容模式也并非固定不变的。

6.3.2 外部列表营销策略

尽管很多网站都开始有各种类型的邮件列表，但由于用户资源、管理等方面的限制，内部列表并不一定完全能够满足开展许可 Email 营销的需要，尤其对于许多中小网站，企业用户资源积累时间比较长，潜在用户数量比较少，不利于迅速扩大宣传，同时由于缺乏专业人员，以及投入的资源限制，即使建立了列表，可使用列表的效率也比较低，因此，为了某些特定的营销目的，通常还需要专业服务商的服务。而对于没有建立自己内部列表的企业，与专业服务商合作则是最好的选择。

专业的 Email 营销服务商拥有大量的用户资源，可以根据要求选择定位程度比较高的用户群体，有专业的发送和跟踪技术，有丰富的操作经验和较高的可信度，因而营销效果也有其独到之处。从国内目前的 Email 广告市场来看，可供选择的外部列表 Email 营销资源主要有：免费电子邮箱提供商、专业邮件列表服务商、专业 Email 营销服务商、电子刊物和新闻邮件服务商、专业网站的注册会员资料等。这些服务商及其许可 Email 营销形式各有特点，可根据具体需要选择。

6.3.2.1 选择 Email 营销服务商的基本参考因素

选择许可 Email 营销服务商，需要在下列几个方面对服务商进行重点考察：服务商的可信任程度、用户数量和质量、用户定位程度、服务的专业性、合理的费用和收费模式等。而服务商是否值得信任是最基本的条件之一，可以通过了解其品牌形象和用户口碑等外在标准来评价，同时至少还需要确认两项基本要素：（1）用户 Email 地址来源必须是合法的即经过用户许可的，比如注册用户的 Email 邮箱和采用双重选择性加入（Double Opt-in）方式加入的用户；那些采用自行收集、购买、租用用户 Email 地址的公司是不可信任的。（2）服务商自觉维护许可 Email 营销的行业准则，自己绝不发送垃圾邮件。

2002 年 11 月 17 日，美国交互广告署（IAB）Email 委员会宣布了第一套关于 Email 营销的建议——“伦理 Email 保证”作为 IAB 的会员单位在获取和使用邮件列表时的指导方针，明确要求广告主和代理商坚持以合理的方式获得邮件列表用户资源，并且遵循与用户达成的服务承诺，如果邮件列表提供者违背了任何一条保证，他们应无条件退还收取的所有费用。IAB 这些条款强调了一些利用邮件列表开展许可 Email 营销时的基本问题，如：用户邮件地址资源的获取应事先获得用户的许可，用户同意接收来自第三方的信息，允许用户退出列表；邮件列表提供者应完全公开所有 Email 地址的来源，包括用什么许可方法获得，并接受广告用户和邮件接收者的质询；通过 Email 发送的信息应该有一定的规范；许可 Email 营销应该保护广告主和邮件接收者的合法利益；等等。

从 IAB 制定的行业规范中，也可以看到，正规的 Email 营销服务商正是通过遵守基本的行业规范与那些非正规的、或者是发送垃圾邮件的公司区别开来。因此，一个注重品牌形象的企业不应贪图便宜而让垃圾邮件发送者损坏了名声，事实上，通过信誉卓著的服务商发送的 Email 营销信息更能引起用户的关注和信任。不要选择发送垃圾邮件的公司，还有一个最为根本的原因：事实证明发送垃圾邮件是无效的，虽然直接投入的费用可能并不高，但利用垃圾邮件进行宣传有时还会受到意外的损失。

6.3.2.2 外部列表 Email 营销内容

在选择了合适的 Email 服务商之后，主要的任务就是 Email 内容的设计。与内部列表 Email 营销不同，由于利用外部列表开展 Email 营销活动通常是临时性，或者一次性的，因此不需要对 Email 内容进行长期的规划，一般只需针对活动当时的营销目的进行内容设计。

与一般的邮件列表内容一样，专业服务商投放的 Email 广告也需要具备电子邮件的基本要素，即发件人、邮件主题、邮件正文、附加信息等，其中邮件主题和正文内容是许可 Email 营销的核心，但发件人和附加信息对用户是否信任广告内容发挥了重要的辅助作用，因为正是通过这些信息，收件人才知道该广告邮件来自何处，是垃圾邮件还是正规的 Email 营销。

Email 广告并没有固定的形式，可以是电子刊物中的赞助商、专家或者其他用户的推荐信，也可以是专门的广告内容；在表现形式上，也有多种可选择的方式，如文本格式、图片格式、HTML 格式、BANNER 或者其他规格的网络广告、流媒体广告等。只要邮件内容设计合理，用户可以正常接收，都可以作为 Email 广告。

6.3.3 如何获得用户的许可

在前面的内容中，我们已经提到了许可 Email 营销的重要基础之一就是丰富的电子邮件地址，要使许可 Email 营销体现真正的价值，传递出更多的营销信息，如何获得用户的许可是一个很重要的课题。我们一般可以采取以下的方法吸引用户的注意，加入邮件列表。

（1）充分利用网站的推广功能。网站本身就是很好的宣传阵地，利用自己的网站为邮件列表进行推广，在很多情况下，仅仅靠在网站首页放置一个订阅框还远远不够，同时订阅框的位置对于用户的影响也很大，如果出现在不显眼的位置，被读者看到的可能性都很小，更不要说加入列表了。因此，除了在首页设置订阅框之外，还有必要在网站主要页面都设置邮件一个列表订阅框，同时给出必要的订阅说明，这样可以增加用户对邮件列表的印象。如果可能，最好再设置一个专门的邮件列表页面，其中包含样刊或者已发送的内容链接、法律条款、服务承诺等，让用户不仅对于邮件感兴趣，并且有信心加入。

（2）合理挖掘现有用户的资源。在向用户提供其他信息服务时，不要忘记介绍最近推出的邮件列表服务。

（3）提供部分奖励措施。比如，可以发布信息，某些在线优惠券只通过邮件列表发送，某些研究报告或者重要资料也需要加入邮件列表才能获得。

（4）可以向朋友、同行推荐。如果对邮件列表内容有足够的信心，可以邀请朋友和同行订阅，获得业内人士的认可也是一份邮件列表发挥其价值的表现之一。

（5）其他网站或邮件列表的推荐。正如一本新书需要有人写一个书评一样，一份新的电子杂志如果能够得到相关内容的网站或者其他电子杂志的推荐，对增加新用户会有一定的帮助。

（6）为邮件列表提供多订阅渠道。如果采用第三方提供的电子发行平台，且该平台有各种电子刊物的分类目录，不要忘记将自己的邮件列表加入到合适的分类中去，这样，除了在自己网站为用户提供订阅机会之外，用户还可以在电子发行服务商网站上发现你的邮件列表，增加了潜在用户了解的机会。

（7）请求邮件列表服务商的推荐。如果采用第三方的专业发行平台，可以取得发行商的支持，在主要页面进行重点推广，因为在一个邮件列表发行平台上，通常有数以千计的各种邮件列表，网站的访问者不仅是各个邮件列表经营者，也有大量读者，这些资源都可以充分利用。比如，可以利用发行商的邮件列表资源，和其他具有互补内容的邮件列表互为推广等。

6.4 许可 Email 营销效果评价

许可 Email 营销的特点之一是可以对其效果进行量化评价，在许可 Email 营销活动中，通过对一些指标的监测和分析，不仅可以用来评价营销活动的效果，并且可以通过这些指标发现营销过程中的问题，并对其营销活动进行一定的控制。

6.4.1 许可 Email 营销效果评价指标

许可 Email 营销效果评价是对营销活动的总结，也是许可 Email 营销活动的重要内容之一。无论是采用内部列表开展许可 Email 营销，还是选择专业 Email 营销服务商的服务，无论是作为企业网络营销策略的一个组成部分，还是作为单独的一项网络营销方案来进行，都需要用一定的指标来评价其效果，因为企业都希望投入的营销资源可以获得“看得见”的效果。

与许可 Email 营销相关的评价指标很多，如送达率、开信率、回应率、转化率等，但目前在实际中并没有非常完善的 Email 营销评价指标体系，也没有公认的测量方法，但考虑到某些指标可以在一定程度上反映出 Email 营销的效果，这里将有关的指标罗列出来，以供参考。按照 Email 营销的过程将这些指标分为四类，每一类中有 1 个或者若干个指标，这四类指标为：获取用户资源阶段评价指标，包括有效用户总数、用户增长率、用户退出率等；邮件信息传递评价指标，包括送达率、退信率；用户对信息接收过程评价指标，包括开信率、阅读率、删除率等；用户回应评价指标，包括直接带来的收益、点击率、转化率、转信率等。

与许可 Email 营销相关的评价指标远超过 12 项，但在实际中对许可 Email 营销进行准确的评价仍然有困难，有时甚至无所适从。例如，电子邮件回应率（如点击率）作为常用的一项评价标准，其他形式的网络广告和传统的直邮广告也一直用回应率来评价效果，许多广告主对许可 Email 营销也希望用这一指标。但是，回应率并不能完全反应出许可 Email 营销的实际效果，因为除了产生直接反应之外，利用 Email 还可以有其他方面的作用，例如，Email 关系营销有助于公司和顾客保持联系，并影响其对公司的产品或服务的印象，顾客没有点击 Email 并不意味着不会增加将来购买的可能性，同时也有可能增加品牌忠诚度。因此，对许可 Email 营销效果的评价最好采用综合的方法，既要对可以量化的指标进行评价，又要关注 Email 营销所具有的潜在价值，如对增强整体竞争优势方面的价值、对顾客关系和顾客服务的价值、在行业内所产生的影响等方面。

6.4.2 许可 Email 营销的有效性分析

在许可 Email 营销活动中，通过对一些指标的监控和分析，不仅可以用来评价营销活动的效果，而且可以通过营销活动中发现的问题，对营销活动进行一定的控制。

内部列表营销的有效性主要表现在：稳定的后台技术保证；获得尽可能多的用户加入列表；保持营销资源稳定增加；信息送达率高，尽可能减少退信；邮件内容获得认可，有较高的阅读率；邮件格式获得用户认可；获得用户信任并产生高的回应率；在企业品牌、顾客关系、顾客服务、产品推广、市场调研等方面发挥作用。外部列表营销的有效性主要表现在：邮件可以送到尽可能多的用户电子邮箱；反应率指标不低于行业平均水平；获得的直接收益大于投入的费用，或者达到期望目标。

Email 是企业与客户沟通的一种手段，通过许可 Email 营销可以将企业最新的产品信息送达至消费者，也可以将企业文化、最新动态传递给顾客。要做好许可 Email 营销，首先要有一个专业的技术平台，其次要尽量多地获得用户电子邮件地址资源，最后就是丰富邮件列表的内容，使邮件列表能包含对用户有用的信息，从而吸引用户加入。

6.4.3 其他影响许可 Email 营销效果的因素分析

我们在前面的许可 Email 营销的局限中已经谈到了，由于地址收集、用户注册等问题都会影响到许可 Email 营销的效果，除此之外，还有其他方面的因素。

（1）许可 Email 营销人才匮乏。有些企业虽然拥有大量的用户资料，却不知道如何正确地利用其展开营销，用户资料的作用得不到充分地发挥。有些企业每天将大量的商业信息强行发送给用户，在很长时间内似乎完全没有考虑到用户的存在，这样的 Email 营销当然不可能有好的效果。企业花费很大代价获取用户资料，但由于缺乏专业网络营销人员以及相应的用户数据分析处理技术，用户资料很难转化成收益。

（2）电子邮件退信率不断上升。用户电子邮件地址数量是开展许可 Email 营销的基础，信息的有效传达是广告效果得以保证的根本。但由于种种原因，造成邮件列表的退信率不断提高，这在很大程度上降低了营销的效果，制约了许可 Email 营销的发展。造成邮件列表退信率上升的原因有：用户废弃原来的邮箱、免费邮箱终止服务、邮件服务商对邮件列表的屏蔽等。有关部门的统计数字表明，许多服务商遭遇的邮件退信率已经接近甚至超过 60%。

（3）垃圾邮件的影响。许可 Email 营销是网络营销中最早受到重视的营销工具之一，但是如果应用得不好，就会被用户当成垃圾邮件。垃圾邮件的泛滥对许可 Email 营销产生严重的影响：一方面，垃圾邮件使得有价值的信息被大量无用信息淹没，甚至会造成有价值信息的丢失；另一方面，垃圾邮件影响了 Email 用户对于许可 Email 营销的看法，败坏了 Email 营销的声誉。

（4）许可 Email 营销效果评估困难。许可 Email 营销效果评估对于企业非常重要，尽管从理论上讲可以对电子邮件的送达率、阅读率、转发率等给予详细跟踪记录，但实际上是做不到的，因为这种测量的基本原理是在 HTML 代码中加入一段跟踪代码，但这些代码往往被屏蔽，而对于纯文本格式的电子邮件，根本无法进行跟踪，因此实际上很难知道究竟有多少邮件被送达和阅读，这也就很难准确地说明 Email 营销的效果到底如何。

6.4.4 如何增强许可 Email 营销效果

6.4.4.1 许可 Email 营销策略的实施

作为一种有效的直邮手段，Email 的确是无处不在，但不是所有的产品都适合做 Email 推广，也不是所有的 Email 地址都可以用来发送广告邮件。也许广告主并不总是十分清楚他们真正的目标受众是哪些人。那么，应该如何实施许可 Email 营销策略呢?

第一步，确定目标。对 Email 来说，这一步很简单，除非有直接反应目标，否则一定会按照这条思路进行下去。

第二步，找出定位目标受众最特殊的方法。例如，如果你的目标市场是 18 ~ 34 岁的怀孕妇女，其特点是最近 30 天上过网、喜欢编织、对猫过敏，那么仅仅发邮件给 18 ~ 34 岁的女性实际上就不是真正的目标。应该尽可能与委托人一起确定目标市场，找出从心理描绘图或人口统计学标准中“暗示”而实际上没有指名的其他目标。

6.4.4.2 增强许可 Email 营销效果的具体方式

（1）文本标志。Email 最通常的方式是文本标志，文本标志是一些有特定意义的字符，大约 5 行左右，一般放置在新闻邮件或经许可的 Email 中间。这些文本标志也可以设置一个 URL，链接到广告主公司主页或提供产品或服务的特定页面。

（2）标志广告。HTML 格式的 Email 和新闻邮件可以设置与一般网页上所显示一样的标志广告，不过并不是要在整页都放置广告，而是在特定目标受众的 HTML 格式的 Email 和新闻邮件中放置标志广告，这些目标受众是事先征得许可的。

（3）采用高质量的服务软件。提升到达率，一是可以自己选择合适的免费邮件群发软件；二是可以选择专业的许可 Email 营销服务供应商提供高质量的服务。

（4）Email 发件人与 Email 地址非常重要。Email 收件人收到 Email 后，如果是有印象的发件人名称与发件人地址，平均打开率要比没有印象的高出 2 倍以上。因此，开展许可

Email 营销必须做到：保持持续稳定的发件人名称；获取许可时给收件人尽量深刻的印象，且使用前后一致的发件人名称；使用独有的域名与发件人地址，并采用 SPF 与 DKIM 签名技术防止非法分子冒用。

（5）标题中包含吸引收件人的关键词。要让邮件标题吸引人的眼球，就需深入挖掘分析收件人的关注点与兴趣点，结合自己特征来把握。

（6）标题的个性化与内容实用性。经过大量研究，发现如果 Email 的标题里有收件人姓名，并且是当天的 Email，那么被看的可能性比只有收件人姓名的多出 24%，比不是当天 Email 且没有收件人姓名的多出 75%。在具体的阅读时间上，上午 8 点钟看 Email 的人数比 9 点钟的人数高出 51%，比下午 3 点钟看 Email 的人数高出 260%。

（7）发送与到达时间的选择。根据研究结果，在发送邮件与到达时间选择上也需要按规律行事。

（8）持续地反馈与改进。持续地分析那些到达了而没有打开邮件的原因，通过一些调查问卷或者访问调查，不断地改进完善邮件，提高 Email 打开率，打开邮件营销的第一个突破口。

随着 Email 营销的不断发展，现在出现了一些更有吸引力的其他方式，这些方式有时是由广告主和第三方撰写的 Email，其中一些营销方案中设有奖励或奖金计划。

总之，许可 Email 营销在我国还有许多障碍需要克服。因此，我们应该大力宣传许可 Email 营销的作用，为许可 Email 营销发展创造良好的条件。随着互联网的不断发展，我国 Email 营销的作用将会越来越明显。严格依照许可 Email 营销规则执行，Email 仍然是一种强有力的网络营销工具。

国内的 Email 营销应用状况不理想，除了网络环境因素之外，在很大程度上是对 Email 营销的理解不够深入或者没有注意一些重要的细节问题所致。只有那些注重电子邮件营销各个环节中每个细节的公司，Email 的营销效果才能真正表现出来。

本章小结

许可 Email 营销是在用户事先许可的前提下，通过电子邮件的方式向目标用户传递有价值信息的一种网络营销手段。本章主要介绍了 Email 营销的主要功能、内外部列表 Email 营销的基础条件，以及如何获得和选取 Email 营销的资源，并对 Email 营销的效果分析提出了一些方法。通过学习本章，能运用 Email 营销的原理参与营销活动，为企业带来更多的关注和效益。

思考题

1. 简述许可 Email 营销的定义与分类。
2. 许可 Email 营销的主要作用有哪些？
3. 内部列表和外部列表营销策略分别是怎样的？
4. 如何获得用户的许可地址？
5. 许可 Email 营销效果评价指标有哪些？

第7章 其他网络营销方法

【学习目标】了解病毒性营销、RRS营销、网络广告等各种网络营销的方法。

【技能目标】能运用病毒性营销的规律开展营销活动；能利用博客传递营销价值；能利用网络社区的功能开展网络营销；能运用网络广告的不同形式为营销服务。

【工作任务】用Web2.0的技术为企业营销服务；用新形式开展病毒性营销；提高博客营销的流量；做好新时代网络社区营销；能参与网络广告的推广。

案例导入

创意法国旱冰宝宝广告爆红网络

2009年年中，一段独特的创意视频广告在网络上引起轰动，一群穿着纸尿裤的可爱宝宝竟然滑旱冰，还摆出各种酷酷的姿势，甚至大跳Hip-Hop。短短的一周时间创下800万次的点击率，这几个旱冰宝宝更是成为网上的超人气明星。这段视频共长60秒，是为法国依云矿泉水做的一个创意广告，体现依云矿泉水“保持年轻”系列的宗旨。视频一开始，伴随着说唱团体“糖山帮”的Hip-Hop单曲音乐声，几名穿着纸尿裤的宝宝脚踩旱冰鞋，隆重出场。别看这些宝宝还只是婴儿，他们却拥有无比的神力，旱冰鞋在他们脚下如飞火轮一般自如。他们忽而跳跃，忽而翻跟头，忽而又大跳Hip-Hop，简直比专业Hip-Hop明星还要酷。CCTV-2称其为病毒性营销。这段视频一经推出就受到了网友的热捧。网友纷纷将这部广告转贴、发送给自己的朋友。正如病毒传染一般，这段视频很快就传遍了网络造成轰动。

资料来源：http://abc.wm23.com/wppsmile/2066.html。

案例简评

网络营销的工具很多，随着科学技术的发展，运用将越来越广泛，网络广告的病毒性营销就是目前广告界的一大潮流。这种营销的策略就是在互联网上通过用户的社交网络，像病毒一样传播广告，从而达到宣传品牌的目的。

7.1 Web2.0的基本思想与技术

目前信息通信技术正在飞速发展，Web2.0、Blog、RSS、Wiki、SNS、P2P、全球3.0等新技术、新名词层出不穷，在这些新技术、新名词不断涌现的同时也预示着一个新时代的到来，即 Web2.0 时代，一个象征着个性主义的时代。2005 年互联网经历了一场新的轮回。美国《新闻周刊》认为 Web2.0 引领了新一轮互联网潮流。在我国，2005 年 7 月 19 日，“博客网”的诞生标志着中国互联网正式进入 Web2.0 时代。2006 年 2 月 23 日，中国第一份 Web2.0 报告《中国 Web2.0 现状与趋势调查报告》正式发布。

由此看出，人类在从工业社会转向信息社会的过程中，信息通信技术已经成为当代社会的神经系统，正在引起社会制度、思维方式和价值观念的深刻变革，这种新技术革命正在带来支配我们生活方式的新文化。

7.1.1 Web2.0 时代的演化

（1）Web2.0 的含义。Web2.0 是相对 Web1.0 的新的一类互联网应用的统称。Web1.0 的主要特点在于用户通过浏览器获取信息，而 Web2.0 则更注重用户的交互作用，用户既是网站内容的浏览者，也是网站内容的制造者。所谓网站内容的制造者是说互联网上的每一个用户不再仅仅是互联网的读者，同时也成为互联网的作者；不再仅仅是在互联网上冲浪，同时也成为波浪制造者。作为网络 Web2.0 及其定义的典型技术，Blog、RSS 和 Wiki 是居于核心的三项内容。

（2）Web2.0 与 Web1.0 的差异及本质特征。Web1.0 到 Web2.0 的转变，具体地说，从模式上是由单纯的“读”向“写”和“共同建设”发展；由被动地接收互联网信息向主动创造互联网信息迈进；作者由程序员等专业人士向全部普通用户发展。互联网进入中国的 10 年就是 Web1.0 时代，即门户网站时代，门户网站运用的是传统的信息定向流动的传播模式，即等级传播模式，它由精英阶层单向向大众传播其社会信息与价值。而英语“传播”一词，源于拉丁文 communi，意思是两个以上者共享某物，即共享信息。Web2.0 思想真正体现了“传播”的这种本质特征，颠覆了古今的主导传播模式，变等级传播为平级传播，打破了 Web1.0 时代主流信息门户网站的垄断，建立了个人门户网站，挣脱了知识霸权，同时也真正体现了互联网的精神，即权利分散、网络民主、文化共享。互联网就是在此信念上诞生的，它是网络文化的基本精神和特征，是网络发展的动力和源泉。

（3）Web2.0 产生的文化背景。从上述可以看出，“计算不再和计算机相关，它决定我们的生存。”美国麻省理工学院媒体实验室的创始人尼葛洛庞帝的著名论断，已成为人们的共识。Web2.0 已超出技术的范畴，给我们带来了一种新思想、新文化，一种真正的平等、自由、开放、互动、共享和多样性的精神，而每一种新思想、新文化的产生都有其时代的烙印。当今的社会，就像美国著名的社会学家丹尼尔·贝尔所说的那样，正在从工业社会过渡到后工业社会，即信息社会。他在《后工业社会的来临》一书中写到：“后工业社会第一个最简单的特点，是大多数劳动力不再从事农业或制造业，而是从事服务业。”美国在 20 世纪 60 年代已经从产品生产经济转变为服务经济，即知识经济。后现代主义就是西方在这种社会中产生的一股文化思潮。后现代主义对多元的尊重，向他者的开放，对创造性的推崇，摒弃“划一性思维”是其重要的思想特征，它对互联网的发生、发展有着重要的影响，从互联网创立开始，这种思想理念便得到了创立者和用户的普遍认同，并贯穿着互联网发展的始终。从早期实验室诞生的黑客文化到后来发展成的“开放源代码”运动、“自由软件”运动一直到近年来的“博客”运动，它们的产生都有着共同的思想脉络和深刻的历史根源。

7.1.2 Web2.0理论和技术

（1）六度分隔理论。目前流行的六度分隔理论是20世纪60年代由美国的心理学家米格兰姆提出的，这个理论可以通俗地阐述为：最多通过6个人你就能够认识任何一个陌生人。1967年，斯坦利·米尔格兰姆做了一个著名的实验，他从内布拉斯加州和堪萨斯州招募到一批志愿者，随机选择出其中的三百多名，请他们邮寄一个信函。信函的最终目标是米尔格兰姆指定的一名住在波士顿的股票经纪人。由于几乎可以肯定信函不会直接寄到目标，米尔格兰姆就让志愿者把信函发送给他们认为最有可能与目标建立联系的亲友，并要求每一个转寄信函的人都回发一个信件给米尔格兰姆本人。出人意料的是，有六十多封信最终到达了目标股票经纪人手中，并且这些信函经过的中间人的数目平均只有5个。也就是说，陌生人之间建立联系的最远距离是6个人。1967年5月，米尔格兰姆在《今日心理学》杂志上发表了实验结果，并提出了著名的“六度分隔”假说。“六度分隔”成为人际关系世界中无可否认而又令人震惊的特征，许多社会学上的深入研究也给出令人信服的证据，说明这一特征不只是特例，在一般情形下也存在。在现实世界中，60亿人怎么可能真的构成如此紧密的相互关联呢？是互联网使一切成为现实。

（2）XML。XML（Extensible Markup Language）即可扩展标记语言。标记是指计算机所能理解的信息符号，通过此种标记，计算机之间可以处理包含各种信息的文章等。如何定义这些标记，既可以选择国际通用的标记语言，如HTML，也可以使用像XML这样由相关人士自由决定的标记语言，这就是语言的可扩展性。XML是从SGML中简化修改出来的。它主要用到的有XML、XSL和XPath等。XML技术是未来数据交换技术的基础，也是Web2.0的基础，比如ASP.Net编程技术就大量用到了XML，还有SQL Server 2005也全面支持XML。

（3）AJAX。AJAX并不是一种技术。它实际上是几种已经在各自领域大行其道技术的强强结合。AJAX混合了：基于XHTML/CSS；由DOM（Document Object Model）实现动态显示与交互；通过XML和XSLT进行数据交换及处理；使用JavaScript整合上述技术。

AJAX能够实现不刷新浏览器窗口（当然更不用安装额外的插件）而满足用户的操作，现在一些优秀网站很多是用这项技术实现的，其中包括：Orkut、Gmail、Google等。

基于以上的描述，我们可以总结出，Web2.0的产品必须具备的要素包括有：网站应该能够让用户把数据在网站系统内外转移；用户在网站系统内能拥有自己的数据，并且完全基于Web；所有的功能都能透过浏览器来完成。目前，Web2.0的产品有Wiki百科、Yahoo360、新浪点点通、Skype、亿友、Facebook、校内、校友录等。

7.2 病毒性营销

7.2.1 病毒性营销的基本思想

病毒性营销，即通过提供有价值的信息和服务，利用用户之间的主动传播来实现网络营销信息传递的目的；病毒性营销同时也是一种网络营销思想，其背后的含义是如何充分利用外部网络资源（尤其是免费资源）扩大网络营销信息传递渠道。

病毒性营销是一种常用的网络营销方法，常用于进行网站推广、品牌推广等，病毒性营销利用的是用户口碑传播的原理，在互联网上，这种“口碑传播”更为方便，可以像病毒一样迅速蔓延，因此病毒性营销成为一种高效的信息传播方式，而且，由于这种传播是用户之间自发进行的，因此几乎是不需要费用的网络营销手段。

这里需要注意的是，病毒性营销并非真的以传播病毒的方式开展营销，而是通过用户的口碑宣传网络，由于信息像病毒一样传播和扩散，利用快速复制的方式传向数以千计、数以百万计的受众而得名。

7.2.2 病毒性营销的特点

（1）有吸引力的病源体。天下没有免费的午餐，任何信息的传播都要为渠道的使用付费。之所以说病毒性营销是无成本的，主要指它利用了目标消费者的参与热情，但渠道使用的推广成本是依然存在的，只不过目标消费者受商家的信息刺激自愿参与到后续的传播过程中，原本应由商家承担的广告成本转嫁到了目标消费者身上，因此对于商家而言，病毒性营销是无成本的。

目标消费者并不能从“为商家打工”中获利，他们为什么自愿提供传播渠道？原因在于第一传播者传递给目标群的信息不是赤裸裸的广告信息，而是经过加工的、具有很大吸引力的产品和品牌信息，而正是这一披在广告信息外面的漂亮外衣，突破了消费者戒备心理的“防火墙”促使其完成从纯粹受众到积极传播者的变化。

（2）几何倍数的传播速度。大众媒体发布广告的营销方式是“一点对多点”的辐射状传播，实际上无法确定广告信息是否真正到达了目标受众。病毒性营销是自发的、扩张性的信息推广，它并非均衡地、同时地、无分别地传给社会上每一个人，而是通过类似于人际传播和群体传播的渠道，产品和品牌信息被消费者传递给那些与他们有着某种联系的个体。例如，目标受众读到一则有趣的 Flash，他的第一反应或许就是将这则 Flash 转发给好友、同事，无数个参与的“转发大军”就构成了呈几何倍数传播的主力。

（3）高效率的接收。大众媒体投放广告有一些难以克服的缺陷，如信息干扰强烈、接收环境复杂、受众戒备抵触心理严重。以电视广告为例，同一时段的电视有各种各样的广告同时投放，其中不乏同类产品“撞车”现象，大大减少了受众的接收效率。而对于那些可爱的“病毒”，是受众从熟悉的人那里获得或是主动搜索而来的，在接收过程中自然会有积极的心态；接收渠道也比较私人化，如手机短信、电子邮件、封闭论坛等（存在几个人同时阅读的情况，这样反而扩大了传播效果）。以上方面的优势，使得病毒性营销尽可能地克服了信息传播中的噪音影响，增强了传播的效果。

（4）更新速度快。网络产品有自己独特的生命周期，一般都是来得快去得也快，病毒性营销的传播过程通常是呈 S 形曲线的，即在开始时很慢，当其扩大至受众的一半时速度加快，而接近最大饱和点时又慢下来。针对病毒性营销传播力的衰减，一定要在受众对信息产生免疫力之前，将传播力转化为购买力，方可达到最佳的销售效果。

7.2.3 病毒性营销的一般规律

（1）病毒性营销的“病毒”有一定的界限。病毒性营销中的核心词是“营销”，“病毒性”只是描述营销信息的传播方式，其实和病毒没有任何关系。病毒性营销的基本思想只是借鉴病毒传播的方式，本身并不是病毒，不仅不具有任何破坏性，相反还能为传播者以及病毒性营销的实施者带来好处。

但在病毒性营销的实际操作中，如果没有认识到病毒性营销的本质是为用户提供免费的信息和服务这一基本问题，有时可能真正成为传播病毒了，尤其利用一些技术手段来实现的病毒性营销模式，如自动为用户电脑安装插件、强制性修改用户浏览器默认首页、在 QQ 等聊天工具中自动插入推广信息（称为“QQ 尾巴”）等，这些其实已经不能称为病毒性营销，而是传播病毒了。

（2）病毒性营销步骤和流程。

第一，应该进行病毒性营销方案的整体规划，确认病毒性营销方案符合病毒性营销的基本思想，即传播的信息和服务对用户是有价值的，并且这种信息易于被用户自行传播。

第二，病毒性营销需要独特的创意，并且精心设计病毒性营销方案（无论是提供某项服务，还是提供某种信息）。最有效的病毒性营销往往是独创的。独创型的计划最有价值，跟风型的计划有些也可以获得一定效果，但要做相应的创新才更吸引人。在方案设计时，一个特别需要注意的问题是，如何将信息传播与营销目的结合起来。

第三，信息源和信息传播渠道的设计。虽然说病毒性营销信息是用户自行传播的，但是这些信息源和信息传递渠道需要进行精心的设计，例如要发布一个节日祝福的 Flash，首先要对这个 Flash 进行精心策划和设计，使其看起来更加吸引人，并且让人们更愿意自愿传播。

第四，原始信息的发布和推广。最终的大范围信息传播是从比较小的范围内开始的，如果希望病毒性营销方法可以很快传播，那么对于原始信息的发布也需要经过认真筹划，原始信息应该发布在用户容易发现，并且用户乐于传递这些信息的地方（比如活跃的网络社区），如果必要，还可以在较大的范围内去主动传播这些信息，等到自愿参与传播的用户数量比较大之后，才让其自然传播。

第五，对病毒性营销的效果也需要进行跟踪和管理。当病毒性营销方案设计完成并开始实施之后（包括信息传递的形式、信息源、信息渠道、原始信息发布），对于病毒性营销的最终效果实际上自己是无法控制的，但并不是说就不需要进行这种营销效果的跟踪和管理。实际上，对于病毒性营销的效果分析是非常重要的，不仅可以及时掌握营销信息传播所带来的反应（例如对于网站访问量的增长），也可以从中发现这项病毒性营销计划可能存在的问题，以及可能的改进思路，将这些经验积累为下一次病毒性营销计划提供参考。

7.2.4 网络环境下病毒性营销的新形式

（1）网络软文。所谓“软文”，就是指通过特定的概念诉求、以摆事实讲道理的方式使消费者走进企业设定的“思维圈”，以强有力的针对性心理攻击，迅速实现产品销售的广告模式。这里说的网络软文是指那些为了推广自己的网站而写的经验分享或者教育学习类的文章。这类文章虽然以实例的方式更加生动地讲解了学习或实践的方法，但是网友或者站长们在阅读这篇文章的同时，会有意无意地点击文章里出现的一些链接，这也在无形之中增加了那些链接的流量，如果网友们发现这个网站做得还不错，说不定会成为这个站的“固定客户”。这类文章的另一个效果就是如果这篇文章写得果真非常好的话，可能会有很多人转载，这样，转载的文章再被转载，最后浏览这篇文章的人数将会以几何倍数增长，点击那个网站的人数也会跟着增长。

（2）输入法。例如，Sogou 和 Google 输入法之争的事件曾经闹得沸沸扬扬，并且事件还在不断升级之中。但是这么大的两个公司为什么在输入法这种小的并且是免费的软件上，费这么多口舌并且还要对簿公堂呢？用了 Sogou 或者 Google 输入法的人可能就已经发现，这些输入法的开发商是想在输入法中捆绑一些该公司的其他服务，比如 Sogou 输入法会捆绑一些 Sogou 工具条的功能，而 Google 输入法会捆绑一些 Google 输入法的功能。所以，输入法开发商的最终目的是想通过输入法这个工具的推广从而“占领”用户的桌面，这样如果用户用到一些服务时，就会优先使用该公司提供的相关服务。

7.3 博客营销

7.3.1 博客营销基础知识

（1）博客的含义。博客最初的名称是 Weblog，由 Web 和 Log 两个单词组成，按字面意思就是网络日记，后来喜欢新名词的人把这个词的发音故意改了一下，读成 Weblog，由此，Blog 这个词被创造出来。中文意思即网志或网络日志，不过，在中国大陆有人往往也将 Blog 本身和 Blogger（即博客作者）均音译为“博客”。“博客”有较深的含义：“博”为“广博”；“客”不单是“Blogger”更有“好客”之意。看 Blog 的人都是“客”。而在中国台湾地区，则分别音译成“部落格”（或“部落阁”）及“部落客”，认为 Blog 本身有社群群组的含义在内，借由 Blog 可以将网络上网友集结成一个大博客，成为另一个具有影响力的自由媒体。

（2）博客营销的含义。博客这种网络日记的内容通常是公开的，自己可以发表自己的网络日记，也可以阅读别人的网络日记，因此博客可以理解为一种个人思想、观点、知识等在互联网上的共享。由此可见，博客具有知识性、自主性、共享性等基本特征，正是博客这种性质决定了博客营销是一种基于包括思想、体验等表现形式的个人知识资源，以及它的网络信息传递形式。

因此，开展博客营销的基础问题是对某个领域知识的掌握、学习和有效利用，并通过对知识的传播达到营销信息传递的目的。博客营销是利用博客这种网络应用形式开展网络营销的工具。公司、企业或者个人利用博客这种网络交互性平台，发布并更新企业、公司或个人的相关概况及信息，并且密切关注并及时回复平台上客户对于企业或个人的相关疑问以及咨询，并通过较强的博客平台帮助企业或公司零成本获得搜索引擎的较前排位，以达到宣传的目的。

（3）博客营销本质。博客营销本质在于通过原创专业化内容进行知识分享争夺话语权，建立起信任权威，形成个人品牌进而影响读者的思维和购买。博客营销的本质是公关行为。

利用博客营销的人必须很清楚这样一个事实：与其说博客是一种媒体的话，不如说它是互联网虚拟存在的“人”。我们有理由相信，从来没有任何一个品牌希望现实生活中的人在脑门上贴一块品牌的 Logo 标志来做广告，所有品牌都希望现实中的人在口耳相传时多说说自己品牌的好话，多参与自己的品牌所策划的各种事件活动，从而引发媒体的报道，达到宣传效果。这就是“人”属性和“媒体”属性的差别。

正如同经典的公关行为的目的一样，博客营销的目的并非是看重这些卷入的博客本身作为媒体的影响力（也许有的博客具有很高的访问量，是一个不大不小的网络媒体），重要的是，真正的媒体（包括线上的有把关人的网站）为了这场互联网中所发生的虚拟事件，后续跟进了多少。

7.3.2 博客营销的类型

互联网上有了博客以后，尤其是博客不再是个人日志，它可以成为一种营销工具以后，它可以具备广告等其他营销方式所不能具备的互动功能，很多企业开始意识到博客的妙用，并积极尝试使用博客，为自己的企业目标服务。

专业的企业博客一般以写手来区分：

第一类人：企业家。企业家写博客，许多直接表现为写产品文化，是一种在高层次上推介产品的办法。这类博客，能够呈现出企业元老的最初见解，他们是真实的人，具有人性化的一面，而且至少都是很成功的人。经营得当，能够成功营造出和谐与信赖感，传达公司的重要信息，对产业话题作出回应，让大家了解企业的状况。

第二类人：企业员工。很多企业的博客是由不同职业的员工或几个员工来当博客写手的，在博客写手中是比较有代表性的。这样的博客写手一般对企业的某一些方面比较专业，比如，软件开发人员、律师、会计师、营销专家等，所以当他们传播消息时，大家都会仔细倾听。不仅是传播知识，还会告诉大家消息的真正含义。例如，当微软还在测试新的搜索引擎以前，MSN 搜索小组的博客写手便使用博客发布产品信息，坦承哪些地方还需要再改进，并告诉大家产品的开发方向，让大家对产品产生信赖感与期望。

第三类人：企业聘用的写手。企业聘用专门的营销人员，特别是软文写作人员，为自己的企业量身打造自己的博客。这些写手不仅有专业的写作知识，还对该企业的应用领域有自己的独到见解，特别能吸引用户的注意力。有一些在社会上知名的该行业的专家在充当写手的时候，其营销效果尤为明显。

第四类人：消费者。当然企业也在后面推波助澜。比如世界 500 强之一的美国宝洁公司，它的博客在全世界有 2 000 万注册客户。宝洁公司投放了大量的奖券，鼓励长远客户在宝洁的博客里为新产品叫好，而奖券让他们在世界各地购买宝洁产品的时候得到大折扣。

不管是谁写博客，最后产品和企业形象堂而皇之地传播了出去。把博客当成营销的工具，就是让大家在公开的场合呈现真实的自我，通过展示自我，从而达到营销的目的。

7.3.3 博客营销价值

(1) 博客可以直接带来潜在用户。博客内容发布在博客托管网站上，这些网站往往拥有大量的用户群体，有价值的博客内容会吸引大量潜在用户浏览，从而达到向潜在用户传递营销信息的目的，用这种方式开展网络营销，是博客营销的基本形式，也是博客营销最直接的价值表现。

(2) 博客营销的价值体现在降低网站推广费用方面。网站推广是企业网络营销工作的基本内容，大量的企业网站建成之后都缺乏有效的推广措施，因而网站访问量过低，降低了网站的实际价值。通过博客的方式，在博客内容中适当加入企业网站的信息（如某项热门产品的链接、在线优惠券下载网址链接等）达到网站推广的目的，这样的“博客推广”也是极低成本的网站推广方法，降低了一般付费推广的费用，或者在不增加网站推广费用的情况下，提升了网站的访问量。

(3) 博客文章内容为用户通过搜索引擎获取信息提供了机会。多渠道信息传递是网络营销取得成效的保证，通过博客文章，可以增加用户通过搜索引擎发现企业信息的机会，其主要原因在于，一般来说，访问量较大的博客网站比一般企业网站的搜索引擎友好性要好，用户可以比较方便地通过搜索引擎发现这些企业博客内容。这里所谓搜索引擎的可见性，也就是让尽可能多的网页被主要搜索引擎收录，并且当用户利用相关的关键词检索时，这些网页出现的位置和摘要信息更容易引起用户的注意，从而达到利用搜索引擎推广网站的目的。

(4) 博客文章可以方便地增加企业网站的链接数量。获得其他相关网站的链接是一种常用的网站推广方式，但是当一个企业网站知名度不高且访问量较低时，往往很难找到有价值的网站给自己链接，通过自己的博客文章为本公司的网站做链接则是顺理成章的事情。拥有博客文章发布的资格增加了网站链接主动性和灵活性，这样不仅可能为网站带来新的访问量，也增加了网站在搜索引擎排名中的优势，因为一些主要搜索引擎也会把一个网站被其他网站链接的数量作为计算其排名的因素之一。

(5) 可以实现更低的成本对读者行为进行研究。当博客内容比较受欢迎时，博客网站也成为与用户交流的场所，有什么问题可以在博客文章中提出，读者可以发表评论，从而可以了解读者对博客文章内容的看法，作者也可以回复读者的评论。

(6) 博客是建立权威网站品牌效应的理想途径之一。作为个人博客，如果想成为某一领域的专家，最好的方法之一就是建立自己的博客。如果你坚持不懈地将博客写下去，你所营造的信息资源将为你带来可观的访问量，在这些信息资源中，也包括你收集的各种有价值的文章、网站链接、实用工具等，这些资源为自己持续不断地写作更多的文章提供很好的帮助，这样形成良性循环，这种资源的积累实际上并不需要多少投入，但其回报却是可观的。

(7) 博客减小了被竞争者超越的潜在损失。2004 年，博客在全球范围内已经成为热门词汇之一，不仅参与博客写作的用户数量快速增长，浏览博客网站内容的互联网用户数量也在急剧增加。在博客方面所花费的时间成本，实际上可以由其他方面节省的费用来补偿，比如为博客网站所写作的内容，同样可以用于企业网站内容的更新，或者发布在其他具有营销价值的媒体上。

(8) 博客让营销人员从被动的媒体依赖转向自主发布信息。在传统的营销模式下，企业往往需要依赖媒体来发布企业信息，不仅受到较大局限，而且费用相对较高。当营销人员拥有自己的博客之后，可以随时发布所有希望发布的信息，只要这些信息没有违反国家法律，并且信息对用户是有价值的。

博客的出现，对市场人员营销观念和营销方式带来了重大转变。例如，企业博客或个人博客赋予了他们各自发布信息的权利，如何有效地利用这一权利为企业营销战略服务，则取决于市场人员的知识背景和对博客营销的应用能力等因素。

7.3.4 博客营销的策略

（1）选择博客托管网站、注册博客账号。即选择功能完善、稳定，适合企业自身发展的博客系统，即博客营销平台，并获得发布博客文章的资格。选择博客托管网站时应选择访问量比较大而且知名度较高的博客托管网站，可以根据全球网站排名系统等信息进行分析判断。对于某一领域的专业博客网站，不仅要考虑其访问量而且还要考虑其在该领域的影响力，影响力较高的博客托管网站，其博客内容的可信度也相应较高。

（2）选择优秀的博客。在营销的初始阶段，用博客来传播企业信息的首要条件是拥有具有良好写作能力的博客，博客在发布自己的生活经历、工作经历和某些热门话题的评论等信息的同时，还可附带宣传企业，如企业文化、产品品牌等，特别是当发布文章的博客是在某领域有一定影响力的人物，所发布的文章更容易引起关注，吸引大量潜在用户浏览，通过个人博客文章内容为读者提供了解企业信息的机会。

（3）企业应坚持长期利用博客，不断地更换其内容。这样才能发挥其长久的价值和应有的作用，吸引更多的读者。因此，进行博客营销的企业有必要创造良好的博客环境，采用合理的激励机制，激发博客的写作热情，促使企业博客的写手们有持续的创造力和写作热情。同时应鼓励他们在正常工作之外的个人活动中坚持发布有益于企业的博客文章，这样经过长期的积累，企业在网络上的信息会越积越多，被潜在用户发现的机会也就大大增加了。

（4）协调个人观点与企业营销策略之间的分歧。从事博客写作的是个人，但网络营销活动是属于企业营销活动。因此，博客营销必须正确处理两者之间的关系，如果博客所写的文章都代表公司的官方观点，那么博客文章就失去了其个性特色，也就很难获得读者的关注，从而失去了信息传播的意义。但是，如果博客文章只代表个人观点，而与企业立场不一致，就会受到企业的制约。因此，企业应该培养一些有良好写作能力的员工进行写作，他们所写的东西既要反映企业文化内涵，又要保持自己的观点性和信息传播性。这样才会获得潜在用户的关注。

（5）建立自己的博客系统。当企业在博客营销方面开展的比较成功时，则可以考虑使用自己的服务器，建立自己的博客系统，向员工、客户以及其他外来者开放。使用他人的博客系统时，服务是没有保障的，如果中断服务，企业通过博客积累的大量资源将可能毁于一旦。如果使用自己的博客系统，则可以由专人管理，定时备份，从而保障博客网站的稳定性和安全性。而且开放博客系统将引来更多同行、客户来申请和建立自己的博客，使更多的人加入到企业的博客宣传队伍中来，在更大的层面上扩大企业影响力。

7.4 网络社区营销

7.4.1 网络社区的含义

网络社区是指包括电子公告板（BBS）论坛、贴吧、公告栏、群组讨论、在线聊天、交友、个人空间、无线增值服务等形式在内的网上交流空间，同一主题的网络社区集中了具有共同兴趣的访问者。

（1）网络社区的主要形式和功能。

第一，电子公告板/论坛。它是虚拟网络社区的主要形式，大量的信息交流都是通过电子公告板完成的，会员通过张贴信息或者回复信息达到互相沟通的目的。有些简易的社区甚至只有一个电子公告板系统。

第二，聊天室。在线会员可以实时交流，对某些话题有共同兴趣的网友通常可以利用聊天室进行深入交流。

第三，讨论组。如果一组成员需要对某些话题进行交流，通过基于电子邮件的讨论组会觉得非常方便，而且有利于形成大社区中的专业小组。

论坛和聊天室是网络社区中最主要的两种表现形式，在网络营销中有着独到的应用。网络社区可以增进和访问者或客户之间的关系，也可能直接促进网上销售。

（2）网络社区在网络营销中的主要作用。网络社区营销，是网络营销区别于传统营销的重要表现。网络社区营销主要有两种形式：利用其他网站的社区和利用自己网站的社区。

电子公告板/或论坛是一个非常有用的场所，你可以了解别人的观点，同时可以帮助他人或者向他人求助，论坛一般都有特定的讨论主题，经常参加论坛的人可能有电子杂志的编辑、企业家、管理人员，以及对某些话题感兴趣的任何人。如果你对某个问题有疑惑，不妨到相关的论坛去看看，说不定有人可以给你提供答案。另外，有些论坛设有专门的广告免费发布区，可以充分利用这些机会宣传自己的产品，也可以参与一些和自己的产品有关的问题的讨论，通过和别人讨论或解答问题，达到间接推广产品的目的。但是，应该尽量避免在非商业性社区内大做广告，否则会招致别人的厌烦甚至被驱逐出去。

除了利用其他网站的社区开展营销之外，如果有自己的网站，也可以建立自己的网络社区，为网络营销提供直接渠道和手段。

网络社区的主要作用如下：

第一，可以与访问者直接沟通，容易得到访问者的信任。如果你的网站是商业性的，你可以了解客户对产品或服务的意见，访问者很可能通过和你的交流而成为真正的客户，因为人们更愿意从了解的商店或公司购买产品；如果是学术性的站点，则可以方便地了解同行的观点，收集有用的信息，并有可能给自己带来启发。

第二，为参加讨论或聊天，人们愿意重复访问你的网站，因为那里是和他志趣相投者聚会的场所，除了相互介绍各自的观点之外，一些有争议的问题也可以在此进行讨论。

第三，作为一种顾客服务的工具，利用 BBS 或聊天室等形式在线回答顾客的问题。作为实时顾客服务工具，聊天室的作用已经得到用户认可。

第四，可以与那些没有建立自己社区的网站合作，允许使用自己的论坛和聊天室，当然，那些网站必须为进入你的社区建立链接和介绍，这种免费宣传机会很有价值。

第五，建立了论坛或聊天室之后，可以在相关的分类目录或搜索引擎登记，有利于更多人发现你的网站，也可以与同类的社区建立互惠链接。

第六，方便进行网络调研。无论是进行市场调研，还是对某些热点问题进行调研，网络调研都是一种高效廉价的手段。在主页或相关网页设置一个网络调研表是通常的做法，然而对多数访问者来说，由于占用额外的时间，大都不愿参与调研，即使提供某种奖励措施，参与的人数可能仍然不多，如果充分利用论坛和聊天室的功能，主动、热情地邀请访问者或会员参与调查，参与者的比例一定会大幅增加，同时，通过收集 BBS 上顾客的留言也可以了解到一些关于产品和服务的反馈意见。

7.4.2 网络社区的营销策略与需要注意的问题

7.4.2.1 网络社区的营销策略

网络社区宣传，虽然花费精力，但是效果非常好。网络营销，细节制胜，网站推广，全面出击。网络社区宣传要选择自己潜在客户所在的网络社区，或者人气比较好的网络社区。网络社区宣传注意以下几个策略：

（1）不要直接发广告，这样的帖子很容易被当作广告帖被删除。

（2）用好头像、签名。头像可以专门设计一个，宣传自己的品牌；签名可以加入自己网站的介绍和链接。

（3）发帖要求质量第一。在网络社区中发帖的关键是要更多的人关注自己，进而宣传自己的企业网站，将网络营销的信息传递出去。如果一味地追求发帖的数量，而不能为自己的帖子增加更多有益于用户的内容，那么既花费了精力也得不到很好的效果。

（4）适当“托一把”。例如，在论坛上，有时候为了帖子的气氛、人气，你也可以适当地找个托，也可以自己注册两个账号“托一把”。

7.4.2.2 网络社区营销中的主要问题

在互联网发展的早期，网上专业的商业社区还比较少的情况下，一些电子公告板、新闻组和聊天室曾经是重要的营销工具，一些早期的网络营销人员利用网络社区发现了一些商业机会，甚至取得了一些成就。但是，实际上，网络社区营销的成功概率是非常低的，尤其是作为产品促销工具时。另外，随着互联网的飞速发展，出现了许多专业的或综合性的 B2B 网站，其主要职能就是帮助买卖双方撮合交易，所以，一般的网络社区的功能和作用也发生了很大变化，网络营销的手段也更加专业和深化，网络社区的营销功能事实上已经在逐渐淡化，而是向着增加网站吸引力和顾客服务等方向发展。因此，当我们利用网络社区进行营销时，要正视这一手段的缺陷，不要对此抱太大的期望。

不过，一个优秀的社区在网站中所起的作用仍然不可低估，在可能的情况下，当规划和建设自己的网站时，应尽可能将网络社区建设作为一项基本内容。

7.4.3 如何做好新时代的网络社区营销

通过网络社区这个平台，企业可以更大范围搜索消费者和传播对象，将分散的目标顾客和受众精准地聚集在一起，利用新的网络手段扩大口碑传播，并且在日趋明显的消费模式（需求—搜索—行动—共享）中实现及时信息传输和回馈。

新时代的网络社区营销实际上就是企业在网站上成立会员俱乐部与用户进行互动沟通。网络社区是企业和会员（最终会员和渠道会员）线上互动交流的最佳平台，许多企业已经在其网站上不同程度地实现了客户服务、技术支持、产品促销等营销活动，相当多的企业已将俱乐部纳入电子商务的一部分，开始尝试网上销售。但是从目前来看，电子商务由于种种原因还未走向成熟，综观现今互联网上各个企业会员俱乐部的运营状况，显然是传播大于销售。

（1）“社区”盛行，营销升级。从企业角度来说，初期建设网站的目标只是品牌形象，现在互联网发展到比较高的层次，企业希望网站能实现在线销售和顾客忠诚度。Web 2.0 使得“社区”的概念开始在互联网的环境里比以往任何时候更盛行。有特殊喜好或者共同用户体验的顾客群体可以通过网络社区的形式，建立起某种经常性的联系。当网络社区的参与者分享个人喜好和共同体验，并通过网络跟帖或发表新帖表述意见时，浏览信息所获得的用户体验可以得到提高。这种用户体验分享的方式，达到的效果已不仅仅是单个的累加，而是几何级数的增长。

互联网上活跃的用户确定购买以后可能直接在线订购。企业也可以通过最快捷的方式搜寻到消费者的购买意向，购买意向通过后台直接发布给代理商，提供消费线索。

（2）精准传播，网罗天下。企业自己的网络社区主要针对两类消费群体：一类是潜在顾客，主要是培养他们对品牌的认识和忠诚度的，不是针对某一个特定产品；另外一类就是已经购买的用户再次消费，他们已经认可并使用了产品，再购买比例也是非常大的。

（3）关键还在资源整合。企业在建立网络社区和进行营销推广中需要考虑的问题主要有以下三个方面：一是用户是谁。按照前面说的三种不同类型定位，社区的目标用户也不同。二是考虑人力。社区维护量很大，尤其是公开社区，有负面舆论风险，当会员发表负面内容时，需要有人力来维护。并且，市场需要有人员来跟踪，服务部门也需要支持，这样就对人力资源提出了更高的要求。三是数据库的整合，包括线上和线下。大规模企业用户数据库整合不是技术上的问题，而是部门间协调的难度。数据库整合是一项重要的工作，是为整体销售服务的。

7.5 网络广告

7.5.1 网络广告的含义

简单地说，网络广告就是在网络上做的广告。

网络广告是利用网站上的网幅广告、文本链接、多媒体的方法，在互联网上刊登或发布广告，通过网络传递到互联网用户的一种高科技广告运作方式。与传统的四大传播媒体（报纸、杂志、电视、广播）广告及近来备受垂青的户外广告相比，网络广告具有得天独厚的优势，是实施现代营销媒体战略的重要一部分。目前网络广告的市场正在以惊人的速度增长，网络广告发挥的效用越来越显得重要，以至于广告界甚至认为互联网络将超越路牌，成为传统四大媒体之后的第五大媒体。因而众多国际级的广告公司都成立了专门的“网络媒体分部”，以开拓网络广告的巨大市场。

7.5.2 网络广告的形式

（1）网幅广告。网幅广告（Banner）是以 GIF、JPG 等格式建立的图像文件，定位在网页中，大多用来表现广告内容，同时还可使用 Java 等语言使其产生交互性，用 Shockwave 等插件工具增强表现力。网幅广告可以分为三类：静态、动态和交互式。

第一，静态网幅广告。静态网幅广告就是在网页上显示一幅固定的图片，它也是早年网络广告常用的一种方法。它的优点就是制作简单，并且被所有的网站所接受。它的缺点也显而易见，在众多采用新技术制作的网幅广告面前，它就显得有些呆板和枯燥。

第二，动态网幅广告。动态网幅广告拥有会运动的元素，或移动或闪烁。它的原理就是把一连串图像连贯起来形成动画。大多数动态网幅广告由 2～20 幅画面组成，通过不同的画面，可以传递给浏览者更多的信息，也可以通过动画的运用加深浏览者的印象，它们的点击率普遍要比静态的高。而且，这种广告在制作上相对来说并不复杂，尺寸也比较小，通常在 15k 以下。正因为动态网幅广告拥有如此多的优点，所以它是目前最主要的网络广告形式。

第三，交互式网幅广告。当动态网幅广告不能满足要求时，一种更能吸引浏览者的交互式广告产生了。交互式广告的形式多种多样，比如游戏、插播式、回答问题、下拉菜单、填写表格等，这类广告需要更加直接的交互，比单纯的点击包含更多的内容。

（2）文本链接广告。文本链接广告是一种对浏览者干扰最少，但却最有效果的网络广告形式。整个网络广告界都在寻找新的宽带广告形式，而有时候最小带宽、最简单的广告形式效果却最好。

（3）电子邮件广告。调查表明，电子邮件是网民最经常使用的互联网工具。只有不到 30% 的网民每天上网浏览信息，但却有超过 70% 的网民每天使用电子邮件。对企业管理人员尤其如此。

电子邮件广告具有针对性强（除非你肆意滥发）、费用低廉的特点，且广告内容不受限制。特别是针对性强的特点，它可以针对具体某一个人发送特定的广告，为其他网络广告方式所不及。

在提到电子邮件广告的时候，人们往往容易联想到垃圾邮件（Spam）。垃圾邮件就是相同的信息在互联网中被复制了无数遍，并且一直试图强加给那些不乐意接受它们的人群。大部分垃圾邮件是商业广告，关乎一些可疑的产品、“迅速发财”诀窍，或准合法性质的服务。发送垃圾邮件会引起收件者的不满，是一种极其危险的市场策略。

（4）赞助。赞助式广告的形式多种多样，在传统的网幅广告之外，给予广告主更多的选择。赞助式广告的定义至今仍未有明确划分，事实上，凡是所有非网幅广告的网络广告，都可算作是赞助式广告。这种概念下的赞助式广告其实可分为广告置放点的媒体企划创意，以及广告内容与频道信息相结合的形式。例如，“NIKE”就曾经赞助过“新浪竞技风暴”首页，名字也相应改成“NIKE 竞技风暴”，并取得了较好的营销效果。

（5）插播式广告。不同的机构对此的定义可能有一定的差别。在中国互联网络信息中心关于网站流量术语的解释中，将它定义为“空隙页面”，是这样描述的：“空隙页面是一个在访问者和网站间内容正常递送之中插入的页面。空隙页面被递送给访问者，但实际上并没有被访问者明确请求过。”

有点类似电视广告，都是打断正常节目的播放，强迫观看。插播式广告有各种尺寸，有全屏的也有小窗口的，而且互动的程度也不同，从静态的到全部动态的都有。浏览者可以通过关闭窗口不看广告（电视广告是无法做到的），但是它们的出现没有任何征兆。

广告主很喜欢这种广告形式，因为它们肯定会被浏览者看到。只要网络带宽足够，广告主完全可以使用全屏动画的插播式广告。这样屏幕上就没有什么能与广告主的信息“竞争”了。

插播式广告的缺点就是可能引起浏览者的反感。普通网民有自己的浏览习惯，他们选择自己要看的网站，点击他们想点的东西。当网站或广告主强迫他们浏览广告时，往往会使他们反感。为避免这种情况的发生，许多网站都使用了弹出窗口式广告，而且只有 1/8 屏幕的大小，这样可以不影响正常的浏览。

（6）Rich Media Banner。Rich Media Banner 又称 Extensive Creative Banner，中文称之为富媒体网幅广告，一般指使用浏览器插件或其他脚本语言、Java 语言等编写的具有复杂视觉效果和交互功能的网幅广告，这些效果的使用是否有效，一方面取决于站点的服务器端设置，另一方面取决于访问者的浏览器是否能顺利查看。

（7）其他广告形式。除了上面列出的网络广告主要形式外，其实还有其他许多新的广告形式，它们是网络广告主要形式的有效补充，现今，正得到越来越多人的关注。

第一，屏保。屏保能在计算机空闲时以全屏的方式播放动画，并且能配上声音，可以说屏保是个人电脑上最好的广告载体。许多知名品牌都制作了自己的屏保程序放在网上供用户下载，并且用户也会使用 Email 来传递屏保程序。好的屏保可以得到相当广的流传，制作公司可以用很小的投入换来极佳的宣传效果。

第二，书签和工具栏广告。浏览器的收藏夹和工具栏现在也成了广告的载体。某些软件会在用户安装的同时，在用户的浏览器工具栏上生成广告的按钮。

第三，指针。在网页上的每一样东西都有可能成为广告的载体，甚至鼠标指针也能成为品牌宣传的工具。比如，一家网上花店，可以把鼠标设定成一朵花，当用户点击他所要订购的花卉时，鼠标指针又变成“打折”等的字样。

7.5.3 网络广告推广步骤与方法

网络广告是网络营销主要推广方法之一，下面分析一下怎么使网络广告更具有针对性，用户体验更好，更能提高广告效果。

（1）广告搭配，刺激用户点击欲望。好的网络广告应该放置在网页的醒目位置，采用图片加动画加文字等方式，让广告更生动，视觉上能更具冲击力，还要注意广告与网页的风格相搭配，融为一体，提高用户体验，让访客不由自主产生点击的欲望，产生广告效益，但是要注意广告的大小是否会对网页的下载速度造成大的影响，否则用户在未欣赏到优美的广告之前就关闭了窗口，将得不偿失。

（2）构思广告语，树立品牌形象。一些国内、国际著名的网站，为了拉近用户距离，树立品牌形象，都设计了相关广告语，如“百度一下，你就知道”、“一切皆有可能”、“不走寻常路”、“真诚到永远”等，无不从中体会到深刻不凡的含义，怎么让广告语更加响亮，从而树立品牌形象，要做到以下几点：首先，句子精简，顺口，直截了当；其次，要用口头语表达的形式，方便用户记忆，提高口碑推广；最后，广告语要创新、独特，文字要通俗易懂，给人以想象的空间，抓住用户的注意力。

（3）经常更新内容，增加新鲜感。一个好的网络广告，不仅仅是一次性制作完美就可以了，由于产品的情况在不断地变化，网络广告的内容也需要随之调整，给人常新的感觉，这样一来企业网站才会更加吸引访问者，而且给访问者很好的印象。这就要求我们对网络广告需要进行长期的不间断的维护和更新。特别是在企业推出了新产品，或者有了新的服务内容，都应该把企业的现有状况及时地在网络广告上反映出来。一个好的网络广告如果要始终保持对客户足够的吸引力，定期进行内容的更新是唯一的途径。几个月甚至一年一成不变的网络广告是毫无吸引力可言的，那样的结果只能是访问人数的不断下降，同时也会对企业的整体形象造成负面影响。

（4）定位用户群体，投放相应广告。在适当的时间，将恰当的信息传递给想要传递的人，是广告期望达到的最高境界。从理论上看，网络广告的定位能力能够达到这个目标，但是在现实中，网络广告定位承诺的精确性却无法达到广告商满意的程度。例如，美容网站发布美容广告，运动品牌广告出现在运动网站，广告商增加了广告接触目标人群的几率。但同时，广告经常会与同品类的其他产品广告一起出现在相同网页上，因此广告就很难显得出众。所以建议运用一种在调研基础上的规划来确定哪种类型的网站能够提供企业的品牌所属品类最适宜的背景来投放相应的广告。应该如何提高网络广告的点击率和定位效果，是值得每一个网络营销人员深入探讨的问题。

7.6 RSS营销

7.6.1 RSS营销概述

RSS（Really Simple Syndication），即在线共享内容的一种简易方式，通常在时效性比较强的内容上使用RSS订阅能更快速获取信息，网站提供RSS输出，有利于让用户获取网站内容的最新更新。

RSS是2004年最热门的互联网词汇之一，不过，相对于博客（Blog）来说，RSS的知名度相应会低很多，而且至今还没有一个非常贴切的中文词汇，也许以后无须中文名，大家都习惯于直接叫RSS了。RSS之所以同Blog一样会被认为是热门词汇的一个原因，应该是许多分析人士认识到RSS将要对互联网内容的浏览方法产生巨大的影响。

RSS是一种描述网站内容，并且与网站内容相同步的格式，是目前使用最广泛的XML应用。RSS搭建了信息迅速传播的一个技术平台，使得每个人都成为潜在的信息提供者。发布一个RSS文件后，这个RSS文件中包含的信息就能直接被其他站点调用，而且由于这些数据都是标准的XML格式，所以也能在其他的终端和服务中使用。

RSS营销是指利用RSS这一互联网工具传递营销信息的网络营销模式，RSS营销的特点决定了比其他邮件列表营销具有更多的优势，是对邮件列表的替代和补充。目前RSS营销的应用还处于初级阶段，因此对于RSS营销方法和一般规律的研究也有待深入。

7.6.2 RSS三大盈利模式

（1）投递信息产生广告收入。在RSS上投递公司广告，比如，一个用户用RSS订阅了高尔夫的内容，那么每条信息下面都会精准地出现一条高尔夫相关产品的广告，从高尔夫球杆到会员卡。

（2）做个人门户。让所有的博客都变成这个门户的记者和编辑，利用流量收取广告费。这里说的不是单纯做RSS工具本身，因为工具只是初级阶段，靠工具盈利是非常少的，而是要通过工具聚拢人气，做成个人门户。

（3）多平台统一。致力于开发和建设多渠道、多设备的整合信息服务平台，为用户提供随时随地、任意设备、个性化的信息服务。用户可以借助个人电脑、手机、掌上电脑、数字电视等多种终端，通过“看天下”、“个人门户”服务，实现个性化订制，从而获取并管理互联网上的最新资讯。

7.6.3 RSS营销的优点与缺点

RSS营销属于网络营销中的一种模式，除具有网络营销的特点外，还具有由于采用RSS技术而产生的新特点。且RSS营销与邮件列表营销也有许多相似之处，它们之间的根本区别是向用户传递有价值信息的方式不同。因此，下面所述的RSS营销的优缺点主要是从RSS技术上，以及与邮件列表营销相比较而言的。

7.6.3.1 RSS营销的优点

（1）多样性、个性化信息的聚合。RSS是一种基于XML标准，是一种互联网上被广泛采用的内容包装和投递协议，任何内容源都可以采用这种方式来发布，包括专业新闻、网络营销、企业，甚至个人等站点。若在用户端安装了RSS阅读器软件，用户就可以按照喜好、有选择性地将感兴趣的内容来源聚合到该软件的界面中，为用户提供多来源信息的“一站式”服务。

（2）信息发布的时效强、成本低廉。由于用户端RSS阅读器中的信息是随着订阅源信息的更新而及时更新的，所以极大地提高了信息的时效性和价值。此外，服务器端信息的RSS包装在技术实现上极为简单，而且是一次性的工作，使长期的信息发布边际成本几乎降为零，这完全是传统的电子邮件、互联网浏览等发布方式所无法比拟的。

（3）无“垃圾”信息和信息量过大的问题。RSS阅读器中的信息是完全由用户订阅的，对于用户没有订阅的内容，以及弹出式广告、垃圾邮件等无关信息则会被完全屏蔽掉。因而不会有令人烦恼的“噪音”干扰。此外，在用户端获取信息并不需要专用的类似电子邮箱那样的"RSS 信箱"来存储，因而不必担心信息内容的过大问题。

（4）没有病毒邮件的影响。在 RSS 阅读器中保存的只是所订阅信息的摘要，要查看其详细内容与到网站上通过浏览器阅读没有太大差异，因而不必担心病毒邮件的危害。

（5）本地内容管理便利。对下载到 RSS 阅读器里的订阅内容，用户可以进行离线阅读、存档保留、搜索排序及相关分类等多种管理操作，使阅读器软件不仅是一个"阅读器"，而且还是一个用户随身的"资料库"。

7.6.3.2 RSS 营销的缺点

（1）RSS 的应用远不如电子邮件普及，从而限制了 RSS 订阅的应用范围。

（2）若长期不接收 RSS 信息，对于过期的信息则无法浏览。这是由于没有专门的服务器为每个用户保存信息，如果用户不及时接收，信息则过时不候。

（3）难以评估 RSS 营销效果。因为在 RSS 中不能添加任何的脚本语言，使统计订阅人数比较困难，只能通过一些特别的技术来分析 RSS 阅读器的下载次数，以此来估计订阅 RSS 文件的用户数量，由于接收信息的程度无法估计，这样一来，RSS 的营销效果究竟如何是很难判断的。

（4）难以实现个性化服务。电子邮件的用户个性化技术已经非常成熟了，但对于通过 RSS 获取信息的方式而言，目前还没有得到很好地解决。

总之，RSS 营销与邮件列表营销相比具有很大的优势，特别是克服了邮件列表营销中常出现的垃圾邮件、病毒、信息即时性差等致命缺点，因而将有力地促进 RSS 营销的推广应用。所以，网络营销者一定要加以足够地重视，以增强自已的竞争优势。当然 RSS 营销模式还有很多的问题要面对，对于如何有效地利用更需深入地研究探讨。

本章小结

目前信息通信技术正在飞速发展，Web2.0、Blog、RSS、Wiki、SNS、P2P、全球 3.0 等新技术、新名词层出不穷，在这些新技术、新名词不断涌现的同时也预示着一个新时代的到来。本章主要介绍了在 Web2.0 时代有哪些新的网络营销方法，重点讲述了病毒性营销是如何开展的，它以怎样的方式向数以千计、数以百万计的受众传递营销信息。学习本章，还可以更好地理解和掌握博客的营销价值，以及如何运用网络社区开展网络营销活动。

思考题

1. Web 2.0 有哪些特征？
2. 病毒性营销是如何传播的？
3. 博客营销如何提高流量？
4. 如何做好新时代的网络社区营销？

第8章 网络营销能力探索

【学习目标】掌握网络营销人员的文字表达技巧；掌握网页制作的一般工具；了解电子商务方面的相关法律法规和政策；明确电子商务人才应具备的综合素质能力。

【技能目标】学会网络营销语言表达；能利用网页制作工具制作静态和动态网页；对电子商务方面的相关法律法规和政策有一定了解。

【工作任务】熟练运用网络营销的文字表达能力、网络沟通能力、网页制作能力，为企业开展综合的网络营销活动。

案例导入

大学生网络营销能力秀

"大学生网络营销能力秀"为中国互联网协会"实训促就业工程"项目之一，主要面向正在学习网络营销课程的相关专业在校大学生，通过暑假网络营销实践活动，进一步延伸网络营销理论与实践相结合的教学内容，通过实践活动锻炼大学生的网络营销应用能力，并为提高毕业生的就业成功率发挥积极作用，其中包括支持单位——中国小商品城集团提供的大学生与企业之间的交流沟通及直接就业机会、活动官方网站及支持媒体对参与活动大学生的推介、在专家和教师指导下进行的自我网络推广等。

大学生网络营销能力秀活动官方网站（http：//abc. wm23. com）的信息显示，目前有来自华北科技学院、山东经贸职业学院、华南师范大学、重庆工商大学、西安邮电学院等200多所高校的近千名大学生们正在积极参与这项暑假网络营销实践活动。随着网络营销能力秀活动的深入进行，更多大学生的才华将通过大学生网络营销能力秀这一实践平台得以展示。

资料来源：http：//abc. wm23. com。

案例简评

大学生网络营销能力评比活动首次引入了网络营销能力评比的量化结果——AR（人气指标）值，从个人求职角度来看，通过参与网络营销评比活动并获得较好成绩，在锻炼自己实践能力的同时也可以得到网络营销相关企业的关注，大大拓展了被用人单位了解的机会，对扩大就业渠道以及提高就业成功率都有明显的作用。经过这个实践过程，可在多方面得到锻炼，例如网络信息源的构建、网络推广及管理、网络沟通及网络礼仪等，掌握良好的网络营销能力是对将来更好地从事电子商务工作最有力的支持。

8.1 文字表达能力

语言文字表达能力是现代人才必备的基本素质之一。在现代社会，由于经济的迅猛发展，人们之间的交往日益频繁，语言文字表达能力的重要性也日益增强，越来越成为影响一个人或企业成功与否的关键。

8.1.1 文字表达能力在网络营销中的重要性

文字交流是信息传播的主要方式。文字表达能力是从事一切营销活动的基本能力之一，在工作中需要自己写作的内容太多了，小到产品介绍资料、广告文案、企业新闻，大到企业营销策划方案和研究报告等都离不开文字表达。尤其在建设企业网站时，大量的资料也都需要准备，要适合网站用户的特点，要让网站内容适合搜索引擎检索，所有的内容都需要精心写作，如果还想将自己的经验、体会、研究成果和大家一起分享，那就更是非要写出来不可了。

目前互联网上传播的信息主要是文字信息，70%以上的网页都是文字，而且用户上网浏览的也主要是文字信息，即使配合图片、视频、音频，也离不开文字说明资料。口头表达的信息传播范围太小，而且即使不停地说，也影响不了多少人，写出来的文章就不同了，发布在网站上，只要网站正常运转，这些信息就是“永恒”的，就会不断有被人看到的机会。网络营销的优势之一，就是可以自己为自己创造记录（即网络营销信息传递原理中所说的“构造网络营销信息源”）。因此，网络营销人员必须有较好的文字表达能力。

文字表达能力也是需要逐步培养的。对于高职类的学生来说，大部分人的中文水平应该停留在高中毕业的阶段，因为进入大学之后可能再也没有继续学习中文的机会。但是，虽然只有高中语文的水平，这也已经足够了，因为网络营销中要写的文章不是文学作品，不需要华丽的辞藻，只要把问题说清楚就可以了。

“把问题说清楚”是作为网络营销人员的基本能力，如果真正做到把问题说清楚，那已经很了不起了。但是，很多网站对用户希望了解的问题其实都是没有说清楚的。下面用与网络营销相关的一个例子来说明这个问题：有一种自助建站系统，只要把企业信息、产品资料等录入进去就可以生成一个简单的企业网站，同类的产品还包括网上商店平台等。这些系统的设计者可能认为系统实在太方便了，用起来太简单了，但作为用户却不是这么想，尤其是遇到问题找不到合理的说明。其结果是，看来很方便的自助网站和网上商店平台，在市场推广中遇到很大麻烦，至今仍然只能是让开发设计人员自我欣赏的鸡肋产品。因此，这种看起来简单的自助建站/自助建店系统，最大的难题，其实就是很难写出一份完善的产品说明书，也就是无法把问题说清楚。另外，很多网站帮助栏目中的常见问题解答非常贫乏甚至没有这样的内容，结果客户只能电话咨询，或者到其他网站去获取信息。这些问题都与网站运营者缺乏文字表达能力有关。

总之，文字表达能力是我们开展成功网络营销的主要途径，是我们驾驭人生、改造生活、追求事业成功的无价之宝，是通往成功之路的必要途径。

8.1.2 提高网络文字表达能力的技巧

下面从网络营销沟通与传统营销沟通的不同之处入手，分析网络沟通的技巧。

8.1.2.1 网络营销与传统营销在语言沟通上的不同

网络营销与传统营销在语言沟通上的不同之处，是由于它们的沟通方式不同，以及由此带来的营销理念的转变引起的，主要体现在以下几个方面：

（1）沟通方式的不同。传统营销主要通过信函、电话、面对面、电视、广播、书刊等方式进行沟通，企业通过它们将营销信息推送给顾客和利益相关者，在沟通过程中，尽管在某些情况下企业与顾客之间有互动，但他们之间的互动通常非常有限，信息主要是从企业到消费者的单向流动。而网络营销将互联网络作为主要沟通方式，通常是由顾客在网站上搜索信息发起联系，故网络是一种拉式媒介，与传统沟通相比，营销者没有那么多控制权。另外，在互联网络这个虚拟的世界里，双方都无法知晓对方的表情、语气等交流信号，不能及时得知对方的反应，所以不能像传统交流一样及时调整交流策略。

（2）沟通理念的不同。传统营销中的营销人员在和消费者沟通时，更多地倾向于说服消费者接受自己的观念和企业的产品。但在网络营销中，由于企业的营销理念从原来的以企业为中心转变为真正的以消费者需求为中心，所以企业在和消费者沟通时，主要是从消费者的个性和需求出发，寻找企业的产品、服务与消费者需求之间的差异和共同点，并在适当时候通过改变企业的营销策略来满足消费者的需求。

（3）沟通时空限制的不同。传统营销中企业与消费者之间的沟通具有明显的时空限制，但在网络营销中，企业与消费者在任何时刻、任何地点都可以通过互联网进行交流，并且这种信息交流是实时进行的。

（4）一对一的沟通在网络营销中得以普及。由于互联网本身的特性，使在传统营销中因高成本而较少采用的一对一个性化沟通方式得以普及。企业可以根据消费者的个性特点，通过电子邮件等方式，进行个性化沟通。网络营销沟通可使供需双方在互动沟通过程中，更趋向于信息对称，从而实现供方和需方一对一的深层次双向沟通。和传统的以消费者群体为单位进行的沟通相比，这种一对一的个性化沟通效果要好得多。

8.1.2.2 网络营销过程中的沟通技巧

网络营销中的信息沟通与传统营销存在很大不同，一些在传统营销中使用的沟通技巧在网络营销中不一定适用，因此网络营销过程中的沟通技巧值得探讨。

（1）商品名称。站点搜索工具在搜索商品时，往往根据商品名称和消费者所提交的关键词相匹配情况来得到搜索结果，所以，在确定商品名称描述信息时，尽可能将买家会使用的、与本商品密切相关的关键字都写到标题中，这样可以大大增加被消费者搜到的机会。在B2B、C2C 等网络中介发布商品信息时，这种做法显得更为重要。例如，卖笔记本电池的商家将它的产品取名为“联想（Lenovo）昭阳 E660/E280 笔记本电池，全新原装”，这样，消费者在用“联想”、“Lenovo”、“昭阳”、“E660”、“E280”、“笔记本电池”等多个关键词时都可以搜索到该产品。

使用该命名策略时要注意的是，商品名称中使用的关键词必须是与商品本身密切相关的，不要为了增加被搜索到的机会而机械添加无关紧要的关键词，这样会在一定程度上误导消费者，引起消费者的反感。此外，为商品添加一个形象、富有个性的分类名称。好的商品分类能起到和商品名称同样的效果，可以吸引消费者的注意力，提高消费者对商品的兴趣，有效激起消费者的购买欲望。

（2）商品介绍。商品介绍信息对于用户了解商品、有效激起消费者的购买欲望具有非常重要的作用。商品信息的介绍包括网页上的信息介绍和顾客与店主交流过程中的信息介绍。

商品信息介绍首先要保证其真实、明确，让消费者看后能够明白商品的主要指标、性能，不产生歧义。其次，从市场营销的角度来说，网站提供的有效信息越详细，用户的满意程度越高，越容易激起消费者的购买欲望。所以在描述商品信息时，要尽量提供详尽的、和商品有关的各种信息。例如，有家卖面包的网上商店在介绍它的面包时，能够介绍从小麦产地的土壤、气候开始，直至面包的加工、烘烤、包装为止的整个过程，让人看后觉得自己已经是个面包专家，自然就对产品有了兴趣。值得注意的是，商品信息的详尽并不等于繁琐，信息介绍时要把握重点，突出商品特点。另外，如何将各种信息进行整理、组织也是值得研究的问题。最后，应对商品的特点和利益进行形象描述。对商品的介绍，如果仅仅局限于产品的各种物理性能，是难以使顾客动心的。要使顾客产生购买欲望，需要在介绍产品的性能、特点的基础上，勾画出一幅美好的图景，以增强吸引力。正如一句推销名言所说，如果你想勾起对方吃牛排的欲望，将牛排放到他的面前固然有效，但最令人无法抗拒的是煎牛排的“滋滋”声，他会想到牛排正躺在铁板上，香味四溢，不由得咽下口水。

（3）价格描述与磋商。调查显示，价格上的优惠是顾客上网购物的重要原因之一。在价格的描述上，一定要给消费者充分的吸引力，让他感觉到和传统购物相比，在网上购物确实得到了实惠。很多网上商店都将商品价格分为市场价、普通会员价、VIP 会员价。这样的价格描述让消费者意识到，与商店的关系越密切，得到的价格实惠就越多，而这种密切关系是通过经常购物和交流来实现的，所以有利于顾客忠诚度的提高。

在顾客下订单之前，尤其是 C2C 交易中，顾客与店主之间的价格磋商是在所难免的。在价格磋商中，当顾客压价时，店主需要注意一些必要的技巧：①动之以情、晓之以理地说明你的商品价格在同类商品中已经偏低了，同时再次强调商品的质量。②自己掌握主动权，在买家问价格是否可以优惠时，马上反问：您要几件？把问题又抛给他。别小看这一句话，作用是巨大的。因为你知道对方只要一件，但是你这样问了，对方的回答在他们看来是不令你满意的，这样不自觉地就理亏，好像没有什么理由让你便宜。气势上先输给你，卖家自然更胜一筹。③薄利多销，在一定程度上的让利有时是避免不了的，但是可以从通过诱导他购买第二件商品等方面弥补回来。④此时无声胜有声，此招一般用在你看到买家是必买这件商品，只是在价格上想便宜些的情况。这时候你最好什么都不说，这也是一个暗中较量的过程，谁先按捺不住说话，谁就算败了下来。

（4）信息宣传、促销过程中的交流。在这个过程中的交流，主要是希望扩大企业、品牌或商品的知名度，让消费者在一定程度上接受所宣传的商品。在这个过程中消费者会将所得到的有关商品的描述信息与购买后的实际商品的性能、功效等进行对照，如果差别较大，则会有一种上当受骗的感觉，消费者心目中企业的形象就会受到影响。所以，在信息宣传、促销过程中，首先要保证诚信，不宣传虚假信息，不夸大产品功效。

对于不同的客户，既要有个性化的表达沟通，迎合顾客的口味，又必须掌握许多共性表达方式与技巧，以体现企业的整体形象。沟通过程中要保持积极向上的态度，用语应当尽量选择体现正面意思的词。

在信息宣传过程中，与顾客沟通的渠道和方式是多种多样的，不同的方式，其沟通的技巧会有所不同。

① 通过网页传递信息。以网页的形式向用户传递信息，要求站点有良好的导航，让用户能够在最短的时间内找到他所需要的信息；要求页面简洁明了，没有过多的东西干扰用户的注意力；要求高质量的信息，详尽但不繁琐，让用户看后有明显的收获；要对内容进行很好的组织，如果内容很多，则以一定的标准进行分类，不要在一个页面中放置过多的信息，以免对用户造成困扰，除非这些信息是不可分割的整体。

② 通过电子邮件传递信息。写邮件时，尽量将主要的信息安排在第一屏可以看到的范围内；将宣传内容的核心（如文章的标题）作为邮件的主题，尽可能让主题富有吸引力，激发起用户打开邮件的欲望；邮件书写应当简洁明了，以易于浏览和阅读，内容越短越好，尽量少占用收件人的时间。

③ 通过电子公告板、新闻组传递信息。通过电子公告板、新闻组传递信息最关键的是能够吸引用户进行浏览。第一，要给自己的文章取一个好的标题，这是吸引人的第一步；第二，要提高内容的质量，让用户看后感觉有比较大的收获；第三，在信息内容的最后，要留下快捷的联系方式，一般是 Email 地址、电话、企业地址等，在联系人信息中不要留全名，以免带来不必要的麻烦；第四，不管是电子公告板还是新闻组，内容都有明显的类别区分，一定要将信息发布在相关的栏目中，以免引起用户的反感；第五，要注意信息的发布频率，重复发布的信息要注意内容和表达上的变化；第六，经常在相关的地方张贴用户有用的信息或回复别人的消息，从而提高自己在组里的知名度。

（5）售前、售中、售后服务中的交流。售前、售中、售后服务中交流的一般都是购买过企业产品、或即将购买企业产品的消费者，在交流过程中除了要注意一般事项外，尤其要尽量选择正面的词句，给消费者一个明确的意思表达，不要模棱两可，以免消费者产生歧义，引起不必要的麻烦。

售前服务是营销和销售之间的纽带，其作用至关重要。营销人员应当尽量提高素质和思维严谨度，详细落实核心问题，以免在交易过程中出现一些不必要的麻烦。企业可根据日常售前服务中的一些常见问题，形成一套就特定业务和客户沟通时必须要沟通清楚的问题的一套程序化文案，从而保证和客户在事先沟通中就相关可能产生纠纷的问题沟通清楚，以杜绝在执行中产生纠纷和影响。

售中服务是指在产品销售过程中为顾客提供的服务。营销人员需要热情地为顾客介绍、展示产品，详细说明产品使用方法，耐心地帮助顾客挑选商品，解答顾客提出的问题等。售中服务与顾客的实际购买行动相伴随，是促进商品成交的核心环节。

在售后服务中，对客户的问题要抱有良好的心态，必须心怀对客户的感激之情，认真倾听客户意见和要求，以诚恳的态度为客户解决问题，站在客户的角度为客户的利益多考虑，在快速处理问题并答复的同时，做好各项后续服务。企业要把售后服务看做是与顾客沟通的过程，在售后服务中把握一定的技巧，有利于提高客户的满意度和增强企业的服务水平。首先要注重感情联络，售后服务的大部分过程就是和客户联络感情，一旦成为企业的客户，就是企业的朋友，就有必要进行定期的感情交流，如定期发信，或节假日有促销活动时主动与客户联系，还可以在适当时候给客户送小礼品或提供其他附加服务等；其次，还要做好信息的收集，通过为客户提供售后服务，发掘有价值的客户，了解客户的心态和需求，为挖掘潜在客户和留住老客户做资料上的准备。

（6）注重网络礼仪。网络礼仪是指在网上交往活动中形成的被赞同的礼节和仪式，是人们在互联网上交往所需要遵循的礼节。网络上的信息传播比传统途径更加迅速、范围更广、影响面更大，在网络营销中的信息交流要十分注重网络礼仪，以免引起消费者的反感，造成不必要的损失。

在网络营销中，一般要注意以下问题：①记住别人的存在。千万记住和你打交道的是一个活生生的人，如果你当着面不会说的话在网上也不要说。②网上网下行为一致。网上的道德和法律与现实生活是相同的，如果以为在网络中就可以降低道德标准，那就错了。③入乡随俗。不同的站点、不同的营销对象都有不同的交流规则，所以在不同的场合，交流的方式和语气应该是有区别的。④尊重别人的时间和带宽。不要以自我为中心，充分考虑别人在浏览信息时需要的时间和带宽资源，这也是对消费者的尊重。⑤给自己留个好印象。因为网络的匿名性质，别人无法从你的外观来判断，每一言一行都成为别人对你印象的唯一判断，注意自己的言行将有助于树立良好的网络形象。⑥分享你的知识。这不但可以增强自己在消费者心目中的好感，还有助于提高消费者对所营销商品的兴趣，有效激起消费者的购买欲望。⑦心平气和地争论。在网络交流中争论是正常的，要以理服人，不要人身攻击。⑧尊重他人的隐私。企业应该充分尊重消费者的个人隐私，不随意泄露用户个人信息，这不仅是在保障消费者的利益，也是在保持自己的良好形象。⑨不要滥用权利。相对而言，在营销中企业掌握着更多的信息和权利，企业应该充分珍惜这些信息和权利，为消费者服务。⑩宽容。面对消费者所犯的错误，企业应该保持宽容的态度。

（7）开展即时交流。为进一步促进企业与消费者之间的交流，提高企业的客户服务水平，可通过网络开展多种形式的即时交流，如在线咨询和解答系统、QQ 在线服务等。在设立在线即时交流时要注意保持通道的畅通，回答迅速，不要让消费者久等；尽量让用户直接点击代表服务人员的头像就可以咨询，而不需要进行任何其他的安装工作。

另外，开辟专门的社区供用户交流，并有专人进行维护和解答，制作专门页面介绍用户感兴趣的重点信息等，都是比较受消费者欢迎的交流方式。

总之，网络营销是与传统营销相辅相成、互为补充的一种新的营销方式，在网络营销中与消费者的沟通要注重互联网络本身的特点，掌握好网络营销过程中的沟通语言技巧，对于企业的市场开拓、经营管理具有重要的意义。

8.2 网页制作能力

21 世纪是知识经济时代，是信息爆炸的时代，作为知识和信息载体的网络正以无与伦比的速度迅猛发展，它的触角已经触及社会的方方面面，渗透到寻常百姓的日常生活中。人们通过浏览器可以看到各具特色的画面，并从中及时、快速地了解世界上每天发生的最新事件，学习各国科技精英们不断推出的最新成果，因此，网页是现代生活不可或缺的工具。作为网络营销人员，应掌握一定的网页制作能力，以满足消费者的需要。这些能力主要包括：(1) 网页制作的基本知识，如了解网页的基本要素（文字、图形、链接标志、交互功能等），掌握网页制作中的美化工具，以及领会制作网页的基本步骤等。(2) 一定的创建网络站点的能力，能熟练使用 FrontPage、Dreamweaver 等软件。(3) 网页文本、表格、框架、图像等的处理能力，能利用 HTML、FrontPage、Dreamweaver 等处理文本。(4) 熟练使用超链接并能创建各种链接。(5) 能利用 Flash 等制作和美化网页。(6) 能运用 ASP 实现网页交互功能，并掌握网页中脚本语言的运用等。

8.2.1 网页制作编辑软件介绍

8.2.1.1 FrontPage

Frontpage，是微软公司出品的一款网页制作入门级软件。FrongPage 使用方便简单，会用 Word 就能做网页。如果你对网页制作要求不高，那选择 FrontPage 没错，用熟悉了，也能作出很专业的网页。现在越来越多的人开始用 Office XP 了，相对于 FrontPage 2000 来说，FrontPage 2002 有许多更优秀的地方。

以前想在网页中使用数据库，常常需要通过麻烦的数据库连接设置，而设置时又会接触到繁琐的 ASP、CGI。现在使用 FrontPage 2002 来连接数据库就轻松多了，因为 FrontPage 2002 在数据库接口功能方面做了很大改进，特别是它提供的数据库接口向导功能可以替用户产生在线数据库所需要的一切功能，包含数据库的建立、窗体以及所需的各种页面。

此外，FrontPage 2002 还允许设定数据库的交互功能，利用该功能，用户可以设置让指定的访问者通过浏览器来编辑数据库中的记录，或者在数据库中新增记录，查看已有的资料等。动态交互网页是人们在设计网页时的一种追求，这个功能的实现需要设计者利用脚本编辑语言来执行表单提交和应答功能。但是，利用语言来开发程序对普通设计者来说要求可能是太高了一点。但是经过实践表明，FrontPage 2002 可以完成一些最简单的提交和处理表单计算结果的设置，例如通过电子邮件就可以轻松来完成。

以前设计网页时，即使使用表格，要想把图像精确地显示在某一个位置也是一件不容易的事情。但在 FrontPage 2002 中，大家可以使用绝对定位法来轻松实现图像的精确定位操作。首先用鼠标选中需要定位的图像，然后在菜单栏中单击“格式”菜单项，并从弹出的下拉菜单中选择“定位”命令，在随后弹出的设置对话框中选择“定位样式”下的“绝对”，这样就可以在“位置与大小”设置栏处任意设置图像的位置和大小了。更简捷的方法是在“定位样式”下选中“绝对”后，用鼠标任意拖动图像到指定的位置。

许多主页都采用了一种简洁的文本超链接形式，而当鼠标点上这些链接的时候，这些文字链接的字体、大小发生一些动态变化，这小小的变化会使整个页面看起来动感奇佳。FrontPage 2002 可以让用户用风格表（Style Sheet）轻松地实现这个功能。

以前，如果要给指定的图像或文字周围加上框线，通常的做法是利用表格来间接实现。但这种方法的缺点是很不灵活，而且很难做到所见即所得。针对这种缺陷，FrontPage 2002 为用户提供了一种框线下拉选单工具，利用这个功能，用户在给指定图像或者文字进行加框操作时，会变得像在 Word 或者 Excel 里面那样容易，而且还能快速地把各种不同样式的框线套用到文字或者图片上。在具体使用该项功能时，先在 FrontPage 2002 编辑界面中选中指定的对象，然后用鼠标直接在“格式”工具栏上选择“框线”图标，并在随后弹出的界面中选择一种自己需要的框线格式。

8.2.1.2 Dreamweaver

Dreamweaver、Flash 以及在 Dreamweaver 之后推出的针对专业网页图像设计的 Flreworks，三者被 Macromedia 公司称为 Dreamteam（梦之队），足见市场的反响和 Macromedia 公司对它们的自信。随着互联网的家喻户晓，HTML 技术的不断发展和完善，随之而产生了众多网页编辑器，从网页编辑器基本性质可以分为所见即所得网页编辑器和非所见即所得网页编辑器（即原始代码编辑器），两者各有千秋。所见即所得网页编辑器的优点就是直观性，使用方便，容易上手，在所见即所得网页编辑器进行网页制作和在 Word 中进行文本编辑不会感到有什么区别。

Dreamweaver 可以用最快速的方式将 Fireworks、FreeHand 或 Photoshop 等档案移至网页上。使用检色吸管工具选择荧幕上的颜色可设定最接近的网页安全色。对于选单、快捷键与格式控制，都只要一个简单步骤便可完成。Dreamweaver 能与设计工具，如 Playback Flash、Shockwave 和外挂模组等搭配，不需离开 Dreamweaver 便可完成，整体运用流程自然顺畅。除此之外，只要单击便可使 Dreamweaver 自动开启 Fireworks 或 Photoshop 来进行编辑与设定图档的最佳化。

使用网站地图可以快速制作网站雏形，设计、更新和重组网页。改变网页位置或档案名称，Dreamweaver 会自动更新所有链接。使用支援文字、HTML 码、HTML 属性标签和一般语法的搜寻及置换功能使得复杂的网站更新变得迅速又简单。

Dreamweaver 是唯一提供 Roundtrip HTML、视觉化编辑与原始码编辑同步的设计工具。它包含 HomeSite 和 BBEdit 等主流文字编辑器。帧（Frames）和表格的制作速度快的令您无法想象。进阶表格编辑功能能使用户简单地选择单格、行、栏，甚至可以做不连续的选取，还可以排序或格式化表格群组。Dreamweaver 支援精准定位，利用可轻易转换成表格的图层以拖拉置放的方式进行版面配置。所见即所得 Dreamweaver 成功整合动态式出版视觉编辑及电子商务功能，提供超强的支援能力给第三方（Third-party）厂商，包含 ASP、Apache、BroadVision、Cold Fusion、iCAT、Tango 与自行发展的应用软体。当用户正使用 Dreamweaver 在设计动态网页时，所见即所得的功能，让用户不需要通过浏览器就能预览网页。梦幻样版和 XML Dreamweaver 将内容与设计分开，应用于快速网页更新和团队合作网页编辑。建立网页外观的样版，指定可编辑或不可编辑的部分，内容提供者可以直接编辑内容，而不会改变原有的样式。用户也可以使用样版正确地输入或输出 XML 内容。

Dreamweaver 还集成了程序开发语言，对 ASP、. net、PHP、JS 的基本语言和连接操作数据库，都是完全支持的。

8.2.2 网页程序设计介绍

8.2.2.1 VBScript

VBScript 是 Visual Basic Script 的简称，即 Visual Basic 脚本语言，有时也被缩写为 VBS。

它是 VSP 动态网页默认的编程语言，配合 ASP 内建对象和 ADO 对象，用户很快就能掌握访问数据库的 ASP 动态网页开发技术。

VBScript 是微软开发的一种脚本语言，可以看做是 VB 语言的简化版，与 VBA 的关系也非常密切。它具有源语言容易学习的特性。目前这种语言广泛应用于网页和 ASP 程序制作，同时还可以直接作为一个可执行程序，用于调试简单的 VB 语句非常方便。

由于 VBScript 可以通过 Windows 脚本宿主调用 COM，因而可以使用 Windows 操作系统中可以被使用的程序库，比如它可以使用 Microsoft Office 的库，尤其是使用 Microsoft Access 和 Microsoft SQL Server 的程序库，当然它也可以使用其他程序和操作系统本身的库。

在实践中 VBScript 一般被用在以下三个方面：

（1）Windows 操作系统。VBScript 可以被用来自动地完成重复性的 Windows 操作系统任务。在 Windows 操作系统中，VBScript 可以在 Windows Script Host 的范围内运行。Windows 操作系统可以自动辨认和执行 *. VBS 和 *. WSF 两种文件格式，此外 Internet Explorer 可以执行 HTA（HTML 应用程序）和 CHM 文件格式。VBS 和 WSF 文件完全是文字式的，它们只能通过少数几种对话窗口与用户通讯。HTA 和 CHM 文件使用 HTML 格式，它们的程序码可以像 HTML 一样被编辑和检查。在 WSF、HTA 和 CHM 文件中 VBScript 和 JavaScript 的程序码可以任意混合。HTA 文件实际上是加有 VBScript、JavaScript 成分的 HTML 文件。CHM 文件是一种在线帮助，用户可以使用专门的编辑程序将 HTML 程序编辑为 CHM。

（2）网页浏览器（客户方的 VBS）。网页中的 VBS 可以用来指挥客户方的网页浏览器（浏览器执行 VBS 程序）。VBS 与 JavaScript 在这一方面是竞争者，它们可以用来实现动态 HTML，甚至可以将整个程序结合到网页中来。至今为止 VBS 在客户方面未能占优势，因为它只获得 Microsoft Internet Explorer 的支持（Mozilla Suite 可以通过装置一个外挂来支持 VBS）。而 JavaScript 则受到所有网页浏览器的支持。在 Internet Explorer 中 VBS 和 JavaScript 使用同样的权限，它们只能有限地使用 Windows 操作系统中的对象。

（3）网页服务器（服务器方面的 VBS）。在网页服务器方面 VBS 是微软 Active Server Pages 的一部分，它与 JavaServer Pages 和 PHP 是竞争对手。在这里 VBS 的程序码直接嵌入到 HTML 页内，这样的网页以 ASP 结尾。网页服务器 IIS 信息服务执行 ASP 页内的程序部分并将其结果转化为 HTML 传递给网页浏览器供用户使用。这样服务器可以进行数据库问询并将其结果放到 HTML 网页中。

8.2.2.2 JavaScript

JavaScript 是根据 ECMAScript 标准制定的网页脚本语言，这个标准由 ECMA 组织发展和维护。Netscape（Navigator 2.0）的布兰登·艾奇（Brendan Eich）发明了这门语言，从 1996 年开始，已经出现在所有的 Netscape 和 Microsoft 浏览器中。ECMA－262 是正式的 JavaScript 标准。这个标准基于 JavaScript（Netscape）和 JScript（Microsoft）。ECMA－262 的开发始于 1996 年，在 1997 年 7 月，ECMA 会员大会采纳了它的首个版本。在 1998 年，该标准成为国际 ISO 标准（ISO/IEC 16262）。在 2005 年 12 月，ECMA 发布的 ECMA－357 标准（ISO/IEC 22537）出台，主要增加对扩展标记语言 XML 的有效支持。

要使网页能够具有交互性，能够包含更多活跃的元素，就有必要在网页中嵌入其他的技术，如 JavaScript、VBScript、Document Object Model（DOM，文档对象模型）、Layers 和 Cascading Style Sheets（CSS，层叠样式表），这里主要讲 JavaScript。那么 JavaScript 是什么？JavaScript 就是适应动态网页制作的需要而诞生的一种新的编程语言，如今越来越广泛地使用于互联网的网页制作上。JavaScript 是由 Netscape 公司开发的一种脚本语言，或者称为描述语言。在 HTML 基础上，使用 JavaScript 可以开发交互式 Web 网页。JavaScript 的出现使得网页和用户之间实现了一种实时性的、动态的、交互性的关系，使网页包含更多活跃的元素和更加精彩的内容。运行用 JavaScript 编写的程序需要能支持 JavaScript 语言的浏览器。Netscape 公司 Navigator 3.0 以上版本的浏览器都能支持 JavaScript 程序，微软公司 Internet Explorer 3.0 以上版本的浏览器基本上支持 JavaScript。微软公司还有自己开发的 JScript，称为 JScript。JScript 和 JavaScript 基本上是相同的，只是在一些细节上有出入。JavaScript 短小精悍，又是在客户机上执行的，大大提高了网页的浏览速度和交互能力，同时它又是专门为制作 Web 网页而量身定做的一种简单的编程语言。

JavaScript 使网页增加互动性。JavaScript 使有规律地重复的 HTML 文段简化，减少下载时间。JavaScript 能及时响应用户的操作，对提交表单做即时的检查，无须浪费时间交由 CGI 验证。JavaScript 的特点是无穷无尽的，只要你有创意。

JavaScript 不是一个预编译语言，所以虽然 JavaScript 的作者尽量把它写得强大，但是仍然有一些功能无法实现，而且对于那些对 VBScript 熟悉但对 JavaScript 较陌生的程序员来说，这是一个很头疼的难题，因为 VBScript 也只是一门脚本语言，当然没有 VB（Visual Basic）强大。

许多浏览器（如 IE）都提供了脚本互通，但是网上对此的介绍不多，最多在应用问题上提到一点。JavaScript 和 VBScript 的互通性很好，而且在 VBArray（JavaScript 不支持多维数组）和 ASCII（JavaScript 不能把字符转成 ASCII）上都得到了应用。

8.2.3 网页动态功能拓展介绍

8.2.3.1 ASP 简介

ASP（Active Server Page）是一种服务器端脚本编写环境，可以用来创建和运行动态网页或 Web 应用程序。ASP 网页可以包含 HTML 标记、普通文本、脚本命令以及 COM 组件等。利用 ASP 可以向网页中添加交互式内容（如在线表单），也可以创建使用 HTML 网页作为用户界面的 Web 应用程序。与 HTML 相比，ASP 网页具有以下特点：

（1）利用 ASP 可以实现突破静态网页的一些功能限制，实现动态网页技术。

（2）ASP 文件是包含在 HTML 代码所组成的文件中的，易于修改和测试。

（3）服务器上的 ASP 解释程序会在服务器端执行 ASP 程序，并将结果以 HTML 格式传送到客户端浏览器上，因此使用各种浏览器都可以正常浏览 ASP 所产生的网页。

（4）ASP 提供了一些内置对象，使用这些对象可以使服务器端脚本功能更强。例如可以从 Web 浏览器中获取用户通过 HTML 表单提交的信息，并在脚本中对这些信息进行处理，然后向 Web 浏览器发送信息。

（5）ASP 可以使用服务器端 ActiveX 组件来执行各种各样的任务，例如存取数据库、发送 Email 或访问文件系统等。

（6）由于服务器是将 ASP 程序执行的结果以 HTML 格式传回客户端浏览器，因此使用者不会看到 ASP 所编写的原始程序代码，可防止 ASP 程序代码被窃取。

（7）方便连接 Access 与 SQL 数据库。

（8）开发需要有丰富的经验，否则会留出漏洞，让黑客利用此漏洞进行攻击。

ASP 也不仅仅局限于与 HTML 结合制作 Web 网站，而且还可以与 XHTML 和 WML 语言结合制作 WAP 手机网站。但是其原理也是一样的。

8.2.3.2 ASP 工作原理

当在 Web 站点中融入 ASP 功能后，将发生以下事情：

（1）用户向浏览器地址栏输入网址，默认页面的扩展名是 .asp。

（2）浏览器向服务器发出请求。

（3）服务器引擎开始运行 ASP 程序。

（4）ASP 文件按照从上到下的顺序开始处理，执行脚本命令，执行 HTML 页面内容。

（5）页面信息发送到浏览器。

8.2.3.3 ASP 的升级平台：ASP. net

ASP. net 是把基于通用语言的程序在服务器上运行，不像以前的 ASP 即时解释程序，而是将程序在服务器端首次运行时进行编译，执行效果比一条一条的解释强很多，执行效率大大地提高。

ASP. net 可以运行在 Web 应用软件开发者的几乎全部的平台上。通用语言的基本库、消息机制、数据接口的处理都能无缝地整合到 ASP. net 的 Web 应用中。ASP. net 同时也是 Language-Independent 语言独立化的，所以，你可以选择一种最适合你的语言来编写你的程序，或者把你的程序用很多种语言来写，现在已经支持的有 C#、VB. net、JScript. net、ManagedC + +、J#。将来，这样的多种程序语言协同工作的能力保护您现在的基于 COM + 开发的程序，能够完整地向 ASP. net 移植。

ASP. net 常用的主要有两种开发语言，即 VB. net 和 C#。C#相对更为常用，因为是 . net 独有的语言，VB. net 则为以前 VB 程序设计，适合于以前 VB 程序员，如果新接触 . net，没有其他开发语言经验，建议直接学习 C#。

8.2.4 网页数据库功能扩展介绍

8.2.4.1 ADO

ADO（ActiveX Data Objects）是基于组件的数据库编程接口，它是一个和编程语言无关的 COM 组件系统。这里讨论的要点适用于所有的编程语言和编程环境，如 VB、VBScript、VC、Java 等。

以前的对象模型，如 DAO 和 RDO 是层次型的。也就是说一个较低的数据对象，如 Recordset 是几个较高层次的对象，如 Environment 和 QueryDef 的子对象。在创建一个 QueryDef 对象的实例之前，不能创建 DAO Recordset 对象的实例。但 ADO 却不同，它定义了一组平面型顶级对象。

最重要的三个 ADO 对象是 Connection、Recordset 和 Command。每个 Connection 的属性定义了与数据源的连接。Recordset 对象接收来自数据源的数据。Recordset 可以与 Connection 一起使用，先建立一个链接，然后获取数据。尽管如此，Recordset 也可以被单独创建，其 Connection 参数可以在 Open 属性定义。使用 ADO 连接 Access 数据库时，需要使用 Connection 对象的 Open 方法打开与数据源的连接。

语法：Connectoin. open Connectionstring，userID，password，openoptions

ADO 是一种操作 Microsoft 所支持的数据库的新技术。在 ASP 中，ADO 可以看做是一个服务器组件（Server Component），更简单点说，是一系列的对象，应用这些功能强大的对象，即可轻松完成对数据库复杂的操作。具体的操作步骤可以归纳为以下几步：创建数据库源名（DSN）；创建数据库链接（Connection）；创建数据对象；操作数据库；关闭数据对象和链接。

8.2.4.2 SQL 语言

结构化查询语言（Structured Query Language，SQL）是高级的非过程化编程语言，允许用户在高层数据结构上工作。它不要求用户指定对数据的存放方法，也不需要用户了解具体的数据存放方式，所以具有完全不同底层结构的不同数据库系统可以使用相同的 SQL 语言作为数据输入与管理的接口。它以记录集合作为操作对象，所有 SQL 语句接受集合作为输入，返回集合作为输出，这种集合特性允许一条 SQL 语句的输出作为另一条 SQL 语句的输入，所以 SQL 语句可以嵌套，这使它具有极大的灵活性和强大的功能。在多数情况下，在其他语言中需要一大段程序实现的功能只需要一个 SQL 语句就可以达到目的，这也意味着用 SQL 语言可以写出非常复杂的语句。

SQL 最早是 IBM 的圣约瑟研究实验室为其关系数据库管理系统 System R 开发的一种查询语言，它的前身是 Square 语言。SQL 语言结构简洁，功能强大，简单易学，所以自从 IBM 公司 1981 年推出以来，SQL 语言得到了广泛的应用。如今无论是像 Oracle、Sybase、Informix、SQL Server 这些大型的数据库管理系统，还是像 Visual Foxpro、PowerBuilder 这些 PC 上常用的数据库开发系统，都支持 SQL 语言作为查询语言。

美国国家标准局（ANSI）与国际标准化组织（ISO）已经制定了 SQL 标准。ANSI 是一个美国工业和商业集团组织，负责开发美国的商务和通讯标准，同时也是 ISO 和国际电工委员会（International Electrotechnical Commission，IEC）的成员之一。ANSI 发布与国际标准组织相应的美国标准。1992 年，ISO 和 IEC 发布了 SQL 国际标准，称为 SQL－92。ANSI 随之发布的相应标准是 ANSI SQL－92。ANSI SQL－92 有时被称为 ANSI SQL。尽管不同的关系数据库使用的 SQL 版本有一些差异，但大多数都遵循 ANSI SQL 标准。SQL Server 使用 ANSI SQL－92 的扩展集，称为 T－SQL，其遵循 ANSI 制定的 SQL－92 标准。

SQL 语言包含四个部分：数据定义语言（DDL），如 CREATE、DROP、ALTER 等语句；数据操作语言（DML），如 INSERT（插入）、UPDATE（修改）、DELETE（删除）语句；数据查询语言（DQL），如 SELECT 语句；数据控制语言（DCL），如 GRANT、REVOKE、COMMIT、ROLLBACK 等语句。

8.3 网络营销政策、政治尺度的掌握能力

近几年来，随着计算机与互联网的发展，电子商务无论是作为一种交易方式、传播媒介，还是企业组织的进化，在广度与深度等各方面都取得了前所未有的进展。在这方面，我国也毫不例外。与此同时，电子商务发展的基础环境问题，尤其是电子商务的法律环境，也越来越引起了人们的关注，一方面，电子商务的各个环节与问题都直接影响着相关法律法规的制定；另一方面，法律环境的每一个细节与措施也都左右着电子商务的前程。所以，及时制定我国一系列与电子商务相关的法律法规、完善我国的电子商务政策法律环境，不仅会改善我国的电子商务基础环境，从根本上促进我国电子商务与网络经济的发展，还可以使我们以信息化带动工业化，促进现代化的伟大构想更早实现。目前，我国的电子商务法律环境不断得到完善，电子商务与互联网的立法工作取得重大进展，相关法规与规章纷纷出台，连同相关政策、地方法规及司法解释在内，总数以数十计。这些法规与规章涉及互联网安全、保密、基础设施建设、融资、广告、经营许可、新闻发布等诸多领域，初步形成了一个完整的系统，并基本做到了与国际接轨。一般包括的内容有：电子商务主体确认的法律制度、电子签名法律制度、电子支付法律制度、电子商务安全保障与争议解决法律制度、电子商务中网络隐私权保护法律制度、信息网络传播权保护法律制度、电子商务中消费者权益保护法律制度、电子商务税收法律制度等。

附：

电子商务法律法规

第一章　总　　则

第一条　为了统筹规划我国电子商务认证机构，规范电子商务认证机构建设和运营，根据国家有关密码管理、计算机信息网络管理和信息安全等法规，特别制定本办法。

第二条　电子商务认证机构是指为在电子商务活动中的有关各方提供数字身份证书服务的独立法人单位。

第三条　已建、在建和拟建的电子商务认证机构依照本办法进行管理。

第四条　国家信息产业主管部门负责电子商务认证机构的审批和管理工作。

第二章　认证机构审查与批准

第五条　建立电子商务认证机构应向国家信息产业主管部门提出书面申请，并提供以下材料：

（一）组织机构和人员配备情况；

（二）认证机构资产情况；

（三）运营管理规范；

（四）风险承担能力；

（五）必要性和可行性论证。

第六条　国家信息产业主管部门在接到建立电子商务认证机构的申请和相关材料后，在30天内给予

答复。

第七条　申请建立的电子商务认证机构在取得国家信息产业主管部门同意成立的书面批复后，必须到当地工商行政管理部门注册，向国家密码管理机构提出使用密码的申请。

第三章　认证机构密码核发与授权

第八条　电子商务认证机构所使用的密码及相关产品的管理应当遵守下列规定：

（一）国家密码管理机构根据国家信息产业主管部门同意成立电子商务认证机构的批复，审批密码及相关产品的配用申请。

（二）电子商务认证机构设置独立的密钥管理中心，由电子商务认证机构业主单位统一规划建设，由国家密码管理机构及其委托单位负责实施指导和管理。

（三）获准使用密码及相关产品的电子商务认证机构，必须遵守国家有关密码管理规定。

（四）电子商务认证机构密码系统的安全性由国家密码管理机构组织审查认证。

第四章　认证机构安全技术和标准评测认证

第九条　电子商务认证机构所使用的密码及相关产品必须符合国家密码管理机构制定的密码技术规范和标准，基础建设必须符合国家有关安全要求。

第十条　电子商务认证机构所使用的技术和设备必须是经过国家授权的部门测试认证，符合国家有关信息安全标准的技术和设备。

第十一条　认证系统的安全性必须符合国家关于计算机信息系统安全专用产品管理规定，必须经过国家授权的部门进行安全性测试并合格后方可投入运行。

第十二条　国家标准化主管部门制定电子商务认证证书的格式标准，核发相关的标识。电子商务认证机构登记核发的证书必须使用上述格式。

第五章　认证机构登记注册和运营管理

第十三条　电子商务认证机构由当地工商行政管理部门根据国家信息产业主管部门同意电子商务认证机构的批复进行登记注册。

第十四条　电子商务认证机构的登记、变更、注销以及经营范围的核定，按企业登记的有关规定执行。

第十五条　电子商务认证机构在提供证书服务时，可以根据国家物价部门的有关规定、收取一定的费用。

第十六条　电子商务认证系统在建成后，必须通过国家信息产业、密码管理、公安、工商行政管理、标准化等主管部门的审核、评测和验收后，才能对外提供数字证书服务。

第十七条　上述国家有关主管部门对电子商务认证机构进行监督管理，并根据本管理办法，对电子商务认证机构的运营和安全情况进行年度审查。

第六章　认证机构权利、义务和责任

第十八条　电子商务认证机构对申请证书的单位和个人所提供的相关材料必须进行审核。

第十九条　在持有证书的单位和个人有违反国家法律法规的情况下，电子商务认证机构有权收回证书或宣布证书作废。

第二十条　电子商务认证机构有保护证书申请单位和个人非公开信息的义务。

第二十一条　电子商务认证机构必须建立认证系统的备份机制和应急事件处理程序，确保在人为破坏或自然灾害发生时认证系统和用户证书的安全。

第二十二条　电子商务认证机构承担由于认证机构原因的证书失密所造成的经济损失赔偿责任。

第七章　认证机构罚则

第二十三条　未经批准，擅自建立电子商务认证机构，并对外提供服务的，国家信息产业主管部门分别会同国家公安、工商行政管理等部门责令其停止营业，没收违法所得，并处以 3 万元以下罚款。

第二十四条　认证机构泄露企业或个人非公开信息，或利用这些信息从事危害国家安全，损害企业或个人利益的活动，情节严重，构成犯罪的，吊销认证机构营业执照，依法追究有关人员的刑事责任。

本条款所列行为尚不构成犯罪的，国家信息产业主管部门分别会同国家公安、工商行政管理等部门暂扣认证机构营业执照，没收违法所得，并处以 3 万元以下罚款。

第二十五条　有下列行为之一的，国家信息产业主管部门分别会同国家公安、工商行政管理等部门给予警告，责令改正：

（一）在认证系统的运营或对外提供认证服务过程中，违反安全保密规定的；

（二）认证机构擅自转让认证技术或相关产品的；

（三）未经许可，擅自建立分支认证机构或扩展业务范围的。

第二十六条　外组织或个人参与电子商务认证机构运营管理的，国家信息产业主管部门会同国家公安机关给予警告，责令改正。

第八章　附　　则

第二十七条　已建、在建的电子商务认证机构按照本办法的有关条款，进行重新登记、审核、验收。

第二十八条　本办法由国家信息产业部主管部门负责解释。

第二十九条　本办法自公布之日起实行。

资料来源：http：//shibei. qingdao. gov. cn/n1070/n1186/n2641/n3151/1565882. html。

下面以保护消费者权益问题为例，探讨合理利用相关政策开展网络营销活动的方法。

电子商务给消费者带来便利的同时，又不可避免地使消费者权利保护工作面临着许多新问题。通过法律构建可靠的电子商务运营环境，树立消费者的信心，已成为网络营销者的共识。

首先，在网络环境下，经营者与消费者之间的信息不对称情况显得尤为突出。网上产品或广告信息的真实性、有效性常常难以得到保障，在实际中，商家的虚假广告、不真实陈述或诱导往往使消费者作出不恰当的、不合理的选择，使消费者的权益受到侵害。此外，目前的网络交易的格式条款许多都没有赋予消费者撤销权或犹豫期。我国《合同法》虽然有了几条关于电子合同的规定，但过于简单，难以为消费者的公平交易权提供保护。其次，在网络交易过程，经营者往往要求交易对方提供很多个人信息，对这些信息的再利用便成为了网络时代的一个普遍的现象。经营者为了促销商品等目的，未经授权向网络消费者发送垃圾邮件，影响消费者个人生活安宁，构成侵害网络消费者隐私权的行为，有的甚至将这些信息卖给其他网站以牟取经济利益。最后，当消费者利益受损时，经营者与网络服务商各承担什么责任，消费者能否通过直接起诉网络服务商来获得补偿，目前国内的案例判决结果不尽统一。当发生跨国网上交易时，消费者往往不熟悉商家所在国的法律，这使得其损害赔偿权的行使十分困难。

因此，网络营销人员应熟悉和掌握网络营销政策和相关法律制度，自觉遵守网络文明，合法交易。

8.4 综合素质能力

8.4.1 电子商务专业人才应具备的综合素质

电子商务专业人才应具备综合的知识主要包括：电子商务基础知识、网络营销基础知识、电子支付基础知识、物流配送基础知识、电子商务安全基础知识、电子商务法律法规常识等。具体来说包括如下六个方面：

（1）网络技术方面的能力。了解服务器、交换机、路由器网络设备的功能，掌握相关企业网络产品的性能；懂得路由协议、TCP/IP 协议等，熟悉局域网知识、网络设计、安装、维护和管理的能力。可以参加思科的 CCNA、CCNP、CCIE 等认证。

（2）应用电子商务软件方面的能力。涉及服务器端操作系统、数据库、安全系统、电子商务应用系统的选择、安装、调试和维护。比如，微软的 Windows 操作平台上服务器操作系统、电子商务应用系统有 Commere Server、安全保证有 ISA Server 等。可以参加微软的 MCSE、MCSD、MCSA 等认证。

（3）电子商务网站开发的能力。具备网页设计和图像处理方面的技能，具有网站 Web 页面的开发与后台技术支持，满足运作层对技术层的要求；精通 ASP 等开发工具、精通 SQL Server、ACCESS 数据库的开发；需要有开发经验，能够读懂常用于 JSP 的代码，并且能够编写基本的 JSP 程序；精通 HTML 语言，能够胜任网站策划、网站编辑、网站开发等方面的工作。可以参加网页设计师、平面设计师等认证。

（4）商务办公能力。能处理各种中英文商务信函和各种信息库的能力，具备计算机组装与维护、互联网应用和维护管理能力。参加劳动部计算机维修工、网络管理员等认证。

（5）电子商务运营管理能力。具备网络营销、电子商务全程经营管理的经验，涉及各类商务支持人员，如客户服务、市场、贸易、物流和销售等；能够制定网站短、中、长期发展计划、执行与监督；能够进行网站及频道的运营、市场推广、广告与增值产品的经营与销售；熟悉网络营销软件，负责公司产品在网络上的推广，能很好地掌握电子商务及网络发展的各种理念，熟悉商务活动，具有电子商务应用、企业运营管理以及应用财务软件的能力。可以参加会计证、劳动部助理电子商务师、物流师和营销师的认证。

（6）电子商务业务开拓能力。这方面的能力涉及电子商务业务的拓展，如今的电子商务领域，最缺乏的是那些能够将商务网站平台的优势介绍给客户，负责将网站推销给客户，并将这些客户最终锁定为忠实客户源的市场开拓型的业务型人才，实现将商务网站的技术和产品转化为利润的任务。可以参加电子商务职业经理人系列认证。

8.4.2 网络营销专业人才应具备的关键能力

（1）网络操作能力。

① 基本网络工具的使用：熟悉网络基础知识，掌握电子商务一般专业英语词汇，能够使用浏览工具和电子邮件工具；

② 基本安全技术的掌握：通过计算机安全技术的介绍，了解计算机病毒知识，掌握网络安全常识，能够有效使用防病毒软件，及时更新防病毒软件；

③ 网页制作：电子商务主要依靠网络来运营，因此必须了解网页制作方法和维护方法，能够运用常用网页制作工具，完成动/静态网页制作。

（2）网络营销能力。

① 熟悉市场营销基本理论和策略；

② 网络商务信息采集、处理与分析：熟悉网络信息收集和整理方法，能够使用网络检索工具，收集客户信息并对信息初步分类整理；

③ 网络商务信息发布：了解网络信息和广告发布方法，能够利用电子邮件和网络发布商务信息。

（3）电子交易能力。

① 网上单证处理：熟悉简单网上单证知识，能够完成简单网上单证处理；

② 电子支付：掌握信用卡、借记卡、电子支票等使用知识，能够使用电子支付工具；

③ 交易安全：了解电子商务法律法规基础知识，能够在电子支付中安全使用密码等。

（4）创新能力。掌握创新基本原理与创新基本技法，参加第二课堂实践，通过实践提高发现、思考、创新能力。

8.4.3 实现更好网络营销业绩的能力

（1）资料收集能力。无论是从事一般实际工作还是进行研究，都离不开收集资料，网络营销研究也不例外。这里说的研究并不只是针对专业的研究人员，事实上每个营销人员都需要进行各种各样的研究。例如，我们在策划自己的网站或者制定网络营销策略时，就要研究一些同类网站的情况，如其他网站的基本内容、风格、在搜索引擎中的排名情况等，这就涉及资料的收集问题。如果从事企业市场工作，那么更离不开市场研究。因此，资料收集能力是网络营销人员的必备能力之一。

收集资料主要有两个方面的价值：一是保存重要的历史资料；二是尽量做到某个重要领域资料的齐全。为什么要保存历史资料呢？网络上新的网页资料不断出现，而旧的网页资料并不一定都保留着，有些网站经过改版之后可能就不再保留以前的资料，有些同样的网址在不同的时期出现的内容可能完全不一样，甚至可能已经不再属于同一个公司/机构所拥有，因此，仅仅将一个 URL 收藏到收藏夹里是远远不够的，为了长期考虑，重要的资料还需要保存在自己的硬盘上，甚至要经过自己的初步整理后保存。如何才能使得某个领域的资料全面？尽管通过搜索引擎可以收集到大部分资料，但是，无论哪个搜索引擎都无法检索到全部资料，如果你一直对某个领域进行研究，那么只有自己才能及时收集资料，这样才能保证拥有最全面的资料。原因很简单，搜索引擎收集的网页资料并不完整，而且有些资料随着时间的推移可能已经被删除、内容被更新，或者所在的网站服务器已经停止运行了，这样，即使搜索引擎曾经收录过这些网页，当你检索到网页的简介和网址后，也无法打开那个网页了。美国有个"互联网档案馆"，保留着大部分网站 1996 年之后不同时期的部分网页资料，如果你要查找的网站幸运地被收录，而且，网页格式是静态网页的话，还可以找到当时一些网页的资料，但对于动态网页或者其他具有特殊功能的网页，通常是无法被保留的。这个网站有时还真是能发挥很大的作用，可以作为收集资料的一种补充。这个档案馆的信息当然也是不完整的，因此，养成收集资料的习惯和方法非常重要。如果能在自己的工作相关领域收集大量有价值的资料，那么对于自己卓有成效的工作将是一笔巨大的财富。

（2）用户体验能力。网络营销是一门新兴的学科，本身还在不断的发展之中，随着网络环境的不断变化，网络营销的方法也在随之不断演进，因此很难说有什么一成不变的理论与方法，在很多时候，很难判断某种做法是否合适，这就在很大程度上要根据自己的体验。用自己体验，加上系统的分析和推论，于是形成了自己对某一领域，或者某类问题的一般看法，这样才能更深入地理解网络营销。

网络营销学习最好的实践方式之一是建设一个个人网站。因为通过个人网站建设和维护，会对网站建设、网站推广、网站效果评估等方面的知识有更深刻的认识，而且这是一项可以自行控制的网络营销实验，在网络营销中自己动手的地方越多，对网络营销的理解就会越深刻。

（3）代码了解能力。尽管网络营销不能归类为技术型工作，但网络营销离不开一定的技术背景，反过来说，有技术背景的网络营销人员更容易成为专家。网络营销与网页制作、数据库应用等常用程序密不可分，网络营销人员不一定能成为编程高手，但是对于一些与网络营销直接相关的基本代码，应该有一定的了解，尤其是 HTML、ASP、JSP 等。这样才能更好地理解和应用网络营销。例如，在介绍搜索引擎优化的相关内容时，会涉及 HTML 代码中 META 标签的设计，尤其是其中关于网页描述和关键词的设计问题，如果对这些 HTML 代码一无所知的话，就无法理解搜索引擎优化问题。此外，现在最热门的 Web 2.0 概念中，RSS 是常见的基于 XML 的应用之一，要研究博客营销和 RSS 营销，如果对 XML 代码一点也不了解显然也是不行的。

因此，作为网络营销人员，至少应该对常见的 HTML 代码、ASP、XHTML 等有所了解，即使不会熟练地用代码编写网页文件，至少应该了解其基本含义，并且在对网页代码进行分析时可以发现其中的明显错误。

（4）资源利用能力。无论是企业的营销活动还是学习研究，都需要一定的资源，没有任何资源也就谈不上营销了，这些资源包括资金、知识、信息、服务等。资金是最重要、最活跃的一种营销资源，可以用来购买其他重要的营销资源，如广告、市场研究、顾客服务软件等，但资金并不是营销资源的全部，而且在通常情况下，资金总是相对稀缺的资源。因此，为了了解网络营销的规律、充分发挥网络营销的作用，拥有对网络营销资源的利用能力是很重要的。

互联网上有各种各样的资源，如学习研究资源、企业应用资源等，如我们常见的搜索引擎、网络营销工具、电子刊物、供求信息平台、调查咨询公司、专业媒体网站等。根据营销信息的传播方式，可分为获取信息的资源、发布信息的资源、交互信息的资源等。根据企业/个人对资源的拥有情况，可分为内部资源和外部资源。内部资源包括企业网站、注册会员资料等；外部资源包括各种网络服务、合作伙伴、媒体资源等。根据营销资源对资金的需求状况，可分为免费资源和付费资源。根据资源对于网络营销的作用，可以分为推广资源、销售资源、市场研究资源、学习资源、服务资源等。掌握尽可能多的网络营销资源，充分了解各种网络营销资源的特点，不仅是学习和研究网络营销的捷径，也是网络营销实践应用取得良好效果的基础。

(5) 思考总结能力。在一定程度上可以说，许多网络营销/电子商务工作是创造性的，网络营销的实践先于理论，理论通常是经过实践的总结而形成的，因此思考总结能力的高低也就决定了一个网络营销人员是否可以达到一定的高度，而不仅仅会从事一些操作层面的工作。比如，网站访问量统计分析是网络营销管理的基础工作内容之一，作为一个专业的网络营销人员，如果每天只能从统计数据中看出网站有多少人访问，这些访问者来自哪里，这是远远不够的，从基本数据中归纳总结出深层次的问题，这才是专业的网络营销人员应该具备的素质。

现在网络营销实践与理论之间存在一定的距离，造成这种状况的主要原因在于，处于网络营销实践第一线的工作人员，尽管具有丰富的实践经验，但由于没有进行系统的总结，使得现有的网络营销实践经验无法转化为更有价值的理论，而作为纯粹的理论研究人员，由于没有实践经验为基础，对网络营销的应用状况缺乏必要的了解，理论与实践形成了脱节，甚至是空洞的理论。这也就是为什么一些电子商务专业的学生总觉得从教材中学到的东西太空洞，快要大学毕业了实际上还不知道电子商务到底是怎么一回事。因此，作为受到过系统专业教育的网络营销人员，具备了思考总结的能力，更有可能通过对实践问题的分析总结，发现网络营销的一般规律，并用来更好地指导实践。

(6) 适应变化能力。适应变化的能力，也可以称之为不断学习的能力。由于互联网环境和技术的发展变化很快，如果几个月不上网，可能就已经不会上网了。对我们的网络营销学习和应用尤其如此。一本书写出来到读者手中已经 2 年过去了，然后从学习到毕业后的实际应用可能又需要 2 年甚至更长的时间，因此一些具体的应用手段会发生很大变化，但网络营销的一般思想并不会随着环境的变化而发生根本的变化。

要适应不断的变化，最重要的还是密切关注这个领域的发展，及时了解新的技术和应用，这些仅仅靠在校期间学习的一些书本知识是远远不够的。所以，对于电子商务专业的在校大学生来说，一门课程的结束不应该是对该专业领域学习的结束。经过一个学期的学习，其实只是了解一些入门知识，并在思考问题和解决问题的方法方面打下了一定的基础，离实际应用还有很大距离。真正意义上的网络营销学习和研究，应该在课程结束时才开始。

总之，21 世纪的社会是全球市场化、信息化及网络化的高科技社会，具备计算机网络能力的电子商务人才是营销和新技术的复合型人才，将受到社会的欢迎，作为知识经济时代的网络营销人员应提高培育企业的电子商务消费习惯的能力，营造良好的电子商务消费环境。

本章小结

本章主要论述了作为电子商务专业人才，应该在哪些方面不断完善，适应社会的发展，重点介绍了文字表达能力在网络营销中的重要性，以及提高文字表达能力的方法和途径，并强调了作为网络营销的基本依托，网页制作能力应从哪几个方面来提高，适应不断变化的消费者的需要。另外，对电子商务方面的相关法律法规和政策也要有深入理解，以便合理利用相关政策开展网络营销活动。

思考题

1. 你认为网络营销人员应从哪些方面提高文字表达能力？你在日常生活中是怎么训练的？

2. 你认为网络营销人员应具备哪些综合素质？应从哪些途径培养？

第9章 网络营销实训

9.1 认识电子商务

9.1.1 实训目的

理解电子商务的兴起与发展，并熟悉电子商务的业务流程；掌握电子商务的内涵、特点和类型，了解电子商务与传统商务活动的异同、利与弊的区别。

9.1.2 实训环境

每人1台计算机、互联网连接。

9.1.3 实训要求及内容

（1）了解万维网及万维网联盟；
（2）了解万维网，B2B、B2C、C2C的电子商务模式；
（3）以戴尔公司为例，谈谈该公司成功的启示。

9.1.4 实训记录

<table>
<tr><td>学号</td><td></td><td>姓名</td><td></td><td>日期</td><td></td><td>成绩</td><td></td></tr>
<tr><td colspan="8">实训报告以书面形式提交，字数：1 000字左右。
实训报告主要内容：（1）什么是电子商务？典型类型有哪些？（2）传统商务和电子商务的本质区别是什么？（3）谈谈戴尔公司成功的启示。</td></tr>
<tr><td colspan="8"></td></tr>
</table>

9.2 网络市场调研

9.2.1 实训目的

了解企业网络调研的一般步骤；了解著名公司是如何根据调研任务、目的、时间和预算制定具体的网上信息搜索策略的。

9.2.2 实训环境

每人1台计算机、互联网连接；电话；走访形式。

9.2.3 实训要求及内容

通过互联网访问有关电子商务企业网站，访问有关电子商务企业（可以通过电话访谈、电子邮件问卷或走访等），了解企业的网络调研方式，掌握以下内容：

（1）相关企业网络调研的一般步骤有哪些？

（2）企业选择了网络直接调研法还是间接调研法？

（3）具体运用了哪些信息收集的策略和相关网络技术？

（4）信息来自于哪些具体网络资源？

（5）信息收集的具体成果如何？

9.2.4 实训记录

<table>
<tr><td>学号</td><td></td><td>姓名</td><td></td><td>日期</td><td></td><td>成绩</td><td></td></tr>
<tr><td colspan="8">实训报告以书面形式提交，字数：1 000 字左右。
实训报告主要内容：围绕实训内容撰写实训报告，思考该相关企业网络调研的方法和技术有哪些值得借鉴，哪些尚待改进。</td></tr>
<tr><td colspan="8"></td></tr>
</table>

9.3 网上消费体验

9.3.1 实训目的

体验消费者网上消费过程，感受消费者的消费心理活动，了解消费者行为特征，了解网上营销信息传递过程，分析网络营销的优势与劣势，为后期的网络营销方法与职能的学习打下基础。

9.3.2 实训环境

每人1台计算机、互联网连接。

9.3.3 实训要求及内容

（1）模拟在限定的资金范围（3 000元）内，根据需求进行网上购物的全程操作（除真实付款环节）；

（2）认真考虑现实的需求，通过网上信息查询将功能需求转化为商品需求；通过对同类商品的相关信息查询，结合资金数量、功能符合、品牌要求、安全考虑等各方面因素，最终完成商品的定购；

（3）确定现实需求并通过信息查询转化为某种商品的需求；

（4）对商品的功能、品牌、价格、商家信誉等进行查询比较；

（5）确定商家并完成定购过程；

（6）完成实训报告。

9.3.4 实训记录

学号		姓名		日期		成绩	
实训报告以书面形式提交，字数：1 000字左右。 实训报告主要内容：需求描述、商品类型确定、同类商品信息查询过程与比较、购物网站的确定理由与购物过程。							

9.4 电子商务网站建设（一）

9.4.1 实训目的

了解电子商务网站建设技术的使用情况；了解网络上面有哪些网站模块、源代码等资源可供下载使用。

9.4.2 实训环境

每人1台计算机、互联网连接；电子商务网站设计公司（也可以通过电话、电子邮件访问相关电子商务企业）。

9.4.3 实训要求及内容

（1）通过互联网访问查找资料，了解在设计电子商务网站建设时使用的技术，并了解网络上有哪些资源可供使用；

（2）访问网站设计人员，了解哪些技术是常用的，这些技术有哪些优缺点。

9.4.4 实训记录

<table>
<tr><td>学号</td><td></td><td>姓名</td><td></td><td>日期</td><td></td><td>成绩</td><td></td></tr>
<tr><td colspan="8">实训报告以书面形式提交，字数：1 000 字左右。
实训报告主要内容：（1）电子商务网站的发展状况，在建设网站时普遍存在的技术问题有哪些？（2）设计电子商务网站建设时一般使用的是什么技术？（3）哪些技术是常用的？这些技术有哪些优缺点？</td></tr>
<tr><td colspan="8"></td></tr>
</table>

9.5 电子商务网站建设（二）

9.5.1 实训目的

以一个实际的网站建设过程为原型，分析网站定位、网站经营管理策略、网上购物功能，设计商品信息的网上输入和维护功能。以上述设计为基础，选择相应的网站设计题目，进行网站策划、网站功能定位，然后选择相应的软件开发工具和语言，上机调试出网站开发的全部程序。

9.5.2 实训环境

每人 1 台计算机、互联网连接。

9.5.3 实训要求及内容

（1）参照实例模型，认真做好网站的需求分析、经营策略分析；
（2）所选网站主体的必要性分析，网站功能说明；
（3）网站的经营管理策略分析；
（4）网站风格设计、结构布局，创建完善的目录结构；
（5）网站首页设计；
（6）网站的运行与管理说明。

9.5.4 实训记录

学号		姓名		日期		成绩	
实训报告以书面形式提交，字数：1 000 字左右。 实训报告主要内容：（1）结合实例说明企业网站建设需要具备的功能；（2）对于在网站分析过程中发现的问题，提出针对性的改进建议；（3）建设网站中的调试过程。							

9.6 网络营销工具的应用

9.6.1 实训目的

理解网络营销工具在网络营销实践中的应用；了解著名的电子商务网站是如何根据自己的实际情况应用网络营销工具的。

9.6.2 实训环境

每人1台计算机、互联网连接；电子商务网站设计公司（也可以通过电话、电子邮件访问相关电子商务企业）。

9.6.3 实训要求及内容

（1）通过互联网访问相关电子商务企业网站，了解相关企业的产品并查找该企业网络营销的方式、网络营销工具的使用情况；

（2）访问该企业（也可以通过电话、电子邮件访问），调查企业为什么使用相关网络营销工具，并了解这些工具所产生的效果如何。

9.6.4 实训记录

学号		姓名		日期		成绩	
实训报告以书面形式提交，字数：1 000 字左右。 实训报告主要内容：（1）企业网站作为最有力的企业网络营销工具需要具备的功能要素。（2）你所调查的公司在网络营销工具的应用上分别使用了哪些？（3）使用这些工具营销时的效果分析。							

9.7 分类目录型搜索引擎的注册

9.7.1 实训目的

了解分类目录型搜索引擎的工作原理，掌握登录分类目录型搜索引擎的方法，了解开放式分类目录的工作原理。

9.7.2 实训环境

每人1台计算机、互联网连接。

9.7.3 实训要求及内容

（1）浏览 Yahoo!、新浪以及搜狐的搜索引擎注册页面；
（2）关注以上这些不同搜索引擎注册要求的不同；
（3）在以上分类目录型搜索引擎上注册自己的网站；
（4）通过网页查找开放式分类目录的工作原理。

9.7.4 实训记录

学号		姓名		日期		成绩	
实验报告以书面形式提交，字数：1 000 字左右。 实验报告主要内容：（1）写下你所注册的分类目录型搜索引擎登录的步骤；（2）分析你所认识的分类目录型搜索引擎的注册程序有哪些不同；（3）分析哪一个分类目录型搜索引擎的营销效果更佳。							

9.8 Google AdWords——快速简单的购买广告服务

9.8.1 实训目的

了解搜索引擎营销对网络营销信息传递的作用，了解 Google AdWords 是如何将网上和网下的营销活动结合为整体，进行网络整合营销的。

9.8.2 实训环境

每人1台计算机、互联网连接。

9.8.3 实训要求及内容

（1）结合 Google 在市场上的地位，了解 Google AdWords 的运行模式；

（2）比较 Google 关键词广告与百度搜索联盟两者的异同。

9.8.4 实训记录

学号		姓名		日期		成绩	
实训报告以书面形式提交，字数：1 000 字左右。 实训报告主要内容：（1）分析如何将网上和网下的营销活动结合为整体，进行网络整合营销；（2）Google 关键词广告都是文字广告，设想一下可否制作成多媒体形式的广告以便更吸引人的注意力；（3）比较 Google 关键词广告与百度搜索联盟两者的异同。							

9.9 网站搜索引擎友好性分析

9.9.1 实训目的

了解搜索引擎营销对网络营销信息传递的作用，通过对部分选定网站搜索引擎进行友好性分析，深入研究网站建设的专业性对搜索引擎营销的影响，对于发现的问题，提出相应的改进建议。

9.9.2 实训环境

每人1台计算机、互联网连接。

9.9.3 实训要求及内容

（1）选定一个企业网站；

（2）浏览该网站并确认该网站最相关的2～3个核心关键词（比如主要产品名称、所在行业等）；

（3）用每个关键词分别在搜索引擎 Google 和百度进行检索，了解该网站在搜索结果中的表现，如排名、网页标题和摘要信息内容等，同时记录同一关键词检索结果中与被选企业同行的其他竞争者的排名和摘要信息情况；

（4）根据有关信息分析被调查网站的搜索引擎友好性。

9.9.4 实训记录

学号		姓名		日期		成绩	
实训报告以书面形式提交，字数：1 500 字左右。 实训报告主要内容：通过调查中获得的信息分析网站设计对网站搜索引擎友好性的影响，可重点突出某些关键因素，如网站结构、动态、网页、网站内容文本信息量及核心关键词的影响等，如果利用同一关键词进行检索，同一网站在不同搜索引擎中的表现有较大差异，请分析问题产生原因并提出合理的建议。							

9.10 许可 Email 营销方法

9.10.1 实训目的

了解许可 Email 营销的实际过程，正确认识许可营销的思想和方法。

9.10.2 实训环境

每人 1 台计算机、互联网连接；具备网络营销实验软件之邮件列表功能实验模块（包含订阅代码及主要的后台管理功能），或者利用具有同样功能的邮件列表后台管理功能进行实验。

9.10.3 实训要求及内容

创建一个邮件列表营销活动的完整流程，包括邮件订阅方法、订阅用户管理、邮件发送过程、已发送邮件的管理等，主要步骤如下：

（1）设计网页前台邮件列表订阅框：获取邮件订阅代码，并将此代码设计到网页中的合适位置，确保网页前台订阅/退订功能的正常使用。

（2）了解许可邮件订阅过程：加入邮件地址，根据反馈信息进行确认（许可的实现），直至完成订阅。

（3）了解邮件列表后台用户管理的主要功能：用户查询、删除、批量导入、邮件地址备份等。

（4）了解邮件列表后台用户订阅反馈信息的设计管理功能，如定义用户加入反馈页面的信息、确认邮件的内容设计等。

（5）了解邮件列表内容设计与发送：邮件格式选择、内容编辑、邮件内容发送前的检查等。

（6）了解邮件列表档案文件的管理功能：发送邮件序号、主题和内容、发送数量、退回数量、退邮服务器和邮件地址等。

9.10.4 实训记录

学号		姓名		日期		成绩	
实训报告以书面形式提交，字数：1 000 字左右。 实训报告主要内容：谈谈自己对许可 Email 营销的认识，可以重点突出对某一方面的理解，比如邮件订阅过程（获得用户许可的过程）、邮件内容测试、退回邮件管理等。							

9.11 博客营销——开通博客

9.11.1 实训目的

了解什么是博客营销；了解博客营销的特征和操作方式；掌握在不同网站上创建博客的步骤。

9.11.2 实训环境

每人 1 台计算机、互联网连接。

9.11.3 实训要求及内容

来到新浪首页 www. sina. com. cn 找到新浪博客首页，开通新浪博客；思考以下博客策略：

（1）选择博客托管网站、注册博客账号；

（2）选择优秀的博客；

（3）创造良好的博客环境；

（4）协调个人观点与企业营销策略之间的分歧；

（5）建立自己的博客系统。

9.11.4 实训记录

<table>
<tr><td>学号</td><td></td><td>姓名</td><td></td><td>日期</td><td></td><td>成绩</td><td></td></tr>
<tr><td colspan="8">实训报告以书面形式提交，字数：1 000 字左右。
实训报告主要内容：(1) 分析什么是博客营销；(2) 了解博客营销的特征和操作方式；(3) 在不同网站上创建博客的步骤；(4) 分析博客是如何降低网站推广费用、发布信息的。</td></tr>
<tr><td colspan="8"></td></tr>
</table>

参考文献

1. 成倞媛，曹云忠．网络营销．西南财经大学出版社，2008
2. 李纲．网络营销教程．武汉大学出版社，2008
3. 李玉清，方成民．网络营销．东北财经大学出版社，2008
4. 瞿彭志．网络营销．高等教育出版社，2004
5. 冯英健．网络营销基础与实践．第3版．清华大学出版社，2007
6. 瞿彭志．网络营销．第2版．高等教育出版社，2005
7. 甑小虎，秦琴，邬兴慧．网络营销与实训．经济科学出版社，2009
8. 孔伟成，陈水芬，罗辉道．网络营销的理论与实践．电子工业出版社，2009
9. 彭欣．网络营销实用教程．人民邮电出版社，2008
10. 陈拥军．电子商务与网络营销．电子工业出版社，2008
11. 魏亚萍，陈峥嵘．网络营销．机械工业出版社，2007
12. 徐艳兰．经济应用文写作．经济科学出版社，2009
13. 王春红，徐洪祥．网站规划建设与管理维护教程与实训．北京大学出版社，2006
14. 马铠．Email 营销．中国知网，2006（1）